HOMEBURGER
feito em casa é mais gostoso

© COMPANHIA EDITORA NACIONAL

DIREÇÃO EDITORIAL Antonio Nicolau Youssef
COORDENAÇÃO EDITORIAL Célia de Assis
ASSISTÊNCIA EDITORIAL J. Augusto Nascimento
PRODUÇÃO EDITORIAL Lisete Rotenberg Levinbook
REVISÃO Enymilia Guimarães

PROJETO GRÁFICO Titi Wessel
ILUSTRAÇÕES Jotah

2008 Todos os direitos reservados

Av. Alexandre Mackenzie, 619 – Jaguaré
São Paulo – SP – 05322-000 – Brasil
Tel.: (11) 2799-7799
www.editoranacional.com.br
www.eaprender.com.br
editoras@editoranacional.com.br

DADOS INTERNACIONAIS DE CATALOGAÇÃO NA PUBLICAÇÃO (CIP)
(CÂMARA BRASILEIRA DO LIVRO, SP, BRASIL)

Wessel, István
   Homeburger : feito em casa é mais gostoso / István Wessel ; ilustrações Jotah. -- São Paulo : Companhia Editora Nacional, 2008. --
   (Coleção Estilo Wessel)

   ISBN 978-85-04-01295-8

   1. Culinária (Hambúrgueres) I. Jotah. II. Título. III. Série

08-04896   CDD-641.662

   Índices para catálogo sistemático:
   1. Hambúrgueres : Culinária : Economia doméstica 641.662

István Wessel

HOMEBURGER
feito em casa é mais gostoso

ILUSTRAÇÕES **Jotah**

Companhia
Editora Nacional

"Depois de um bom jantar, pode-se perdoar qualquer um, até os parentes."

OSCAR WILDE, dramaturgo, escritor e poeta irlandês

Sumário

9 *Introdução*

15 *Princípios do hambúrguer*
15 OS INGREDIENTES E O PREPARO
21 REGRAS DE OURO DO HAMBÚRGUER
22 UTENSÍLIOS E EQUIPAMENTOS

25 *Um pouco de história*

Receitas

36 *CHEESEBURGER* DE ALCATRA COM COGUMELO *SHIITAKE* E QUEIJO DE CABRA
38 HAMBÚRGUER DE ALCATRA COM PIMENTÃO VERMELHO E GUACAMOLE
41 HAMBÚRGUER CALIFÓRNIA GRELHADO COM ABACATE E CEBOLA CARAMELIZADA
44 HAMBÚRGUER DE ALCATRA À MODA CUBANA
46 HAMBÚRGUER DE MAMINHA E *BLUE CHEESE* COM CEBOLA FRITA
48 HAMBÚRGUER PORTENHO COM MOLHO *CHIMICHURRI*
50 HAMBÚRGUER DE FRALDINHA COM *PORTOBELLO*, MAIONESE DE TOMATE SECO E MISTURA PICANTE
52 HAMBÚRGUER DE FRALDINHA COM VINHO BRANCO E MANJERICÃO
54 *BURGER NEGIMAKI*
56 P. J. CLARKE'S, SERVINDO BÊBADOS CHARMOSOS DESDE 1887
59 HAMBÚRGUER DE ALMÔNDEGAS COM COGUMELOS GLACEADOS

- 62 HAMBÚRGUER DE *STEAK TARTARE*
- 64 *BRUSCHETTA* DE HAMBÚRGUER TOSCANO
- 66 HAMBÚRGUER DE *KAFTA*
- 68 HAMBÚRGUER SICILIANO COM *MOZZARELLA* DE BÚFALA E MANTEIGA DE TOMATE DOCE
- 70 HAMBÚRGUER DE VITELO COM *FUNGHI PORCINI*
- 72 HAMBÚRGUER DE VITELO EM *FOCACCIA*
- 75 HAMBÚRGUER DE MAMINHA E CORDEIRO AO MOLHO *AIOLI*
- 77 HAMBÚRGUER DE CORDEIRO COM MOSTARDA E BERINJELA GRELHADA
- 80 HAMBÚRGUER DE CORDEIRO *HOT*
- 82 **NEM *FAST*, NEM *JUNK***
- 84 HAMBÚRGUER DE CORDEIRO E QUEIJO FETA, COM ESPINAFRE E MOLHO DE IOGURTE COM *KÜMMEL*
- 87 HAMBÚRGUER ORIENTAL DE FRANGO COM *SHIITAKE* GRELHADO
- 90 HAMBÚRGUER REGGIANO COM *PESTO*
- 92 MINI-HAMBÚRGUER DE PATO COM CREME DE *SHIITAKE* E MOLHO DE MOSTARDA APIMENTADO DOCE
- 95 **NESSE MUSEU, VOCÊ PODE COMPRAR AS OBRAS**
- 98 HAMBÚRGUER DE PERNIL DE PORCO COM GENGIBRE, BATATA E CEBOLA
- 100 HAMBÚRGUER À LA FEIJOADA
- 102 HAMBÚRGUER DE LOMBO E CALABRESA
- 104 *BREAKFAST BURGER* – PARA QUEM GOSTA DE HAMBÚRGUERES LOGO NO CAFÉ-DA-MANHÃ
- 106 HAMBÚRGUER DE SALMÃO COM QUEIJO *CACCIO CAVALLO*
- 108 HAMBÚRGUER ASIÁTICO DE SALMÃO COM MOLHO DE GENGIBRE E LIMÃO
- 111 HAMBÚRGUER DE SALMÃO COM MOLHO APIMENTADO DE GENGIBRE
- 114 HAMBÚRGUER DE SALMÃO FRESCO COM MAIONESE DE SALSINHA E LIMÃO
- 117 HAMBÚRGUER DE ATUM FRESCO COM PURÊ DE MANGA
- 119 HAMBÚRGUER DE ATUM COM MOSTARDA DIJON
- 121 HAMBÚRGUER DE TRUTAS DEFUMADAS COM MAIONESE DE RAIZ-FORTE
- 123 HAMBÚRGUER DE BERINJELA COM *MOZZARELLA* DEFUMADA E TAPENADE
- 125 HAMBÚRGUER VEGETAL DE TRÊS GRÃOS
- 127 HAMBÚRGUER DE COGUMELO *SHIITAKE*

Introdução

Começou como um símbolo da comilança americana e passou a ser chamada, lá mesmo, de "*junk food*" (comida barata, sem valor) e, até chegar aos redutos da alta gastronomia, levou muitos anos.

Tempos atrás, em uma viagem para pesquisar o melhor hambúrguer, a melhor opção acabou sendo a de um verdadeiro buraco, em Miami. Nossa Vigilância Sanitária certamente teria lacrado o ponto e levado o gerente algemado. Era um horror!

Em Nova York, como hambúrguer há décadas! Um endereço imperdível lá é o velho P. J. Clarke's. O lugar é uma casa histórica tombada. Eles servem provavelmente o melhor dos tradicionais *burgers* da cidade, desde 1884, quando apenas charretes e carruagens circulavam pela região. Ao certo, essa casa também seria fechada por nossa Vigilância Sanitária, pois o banheiro masculino fica literalmente dentro do bar.

É aconselhável que as moças entrem pelo apertado bar olhando sempre para a esquerda, pois à direita fica a porta que, quando aberta, expõe tudo que se passa lá dentro. O Clarke's, como é carinhosamente chamado, fica na Terceira Avenida, esquina com a Rua 55.

Ainda em Nova York, em 2007, de frente para o Lincoln Center, abriu uma nova casa, excelente para uma saideira depois de um concerto, balé ou ópera. O hambúrguer deles não tem nenhum grande segredo — ou melhor, tem. É feito apenas de carne e gordura bovina, temperado com sal e pimenta-do-reino moída na hora, servido em um pão de primeira. Em uma viagem pela cidade, não deixe de conhecer!

Nestas páginas iniciais, mostraremos os princípios de como preparar os hambúrgueres e as vantagens de fazê-los em casa — como diz o subtítulo do livro, "feito em casa é mais gostoso". Além disso, contaremos uma das muitas histórias que cercam esse ícone.

A importância dos temperos e do pão certos também será tratada. O pão é fundamental. O recheio contribui, quando muito, com 50% do sucesso. Se o pão não for de primeira, o sanduíche nunca será. Este pode ser o tradicional redondo e — por que não? — a *ciabatta*, a minibaguete ou um gostoso pão de cereais quadrado. Vai fazer tudo isso com um hambúrguer redondo?! Daí vem uma das vantagens de se fazer o *burger* em casa: adaptar seu formato ao tipo do pão.

Para um hambúrguer comprado pronto ser muito bom, não deve ter temperos, conservantes ou antioxidantes. Isso acontece por uma razão muito simples: esses ingredientes todos vão reagindo com a carne ao longo do tempo. E, quando dizemos ao longo do tempo, significa muito tempo, pois a maioria dos hambúrgueres prontos tem prazo de validade entre 6 e 12 meses. Nesse período, muita coisa pode acontecer! Os supermercados são um mundo à parte. As principais lojas atendem 5 mil pessoas por dia. Muitos consumidores largam produtos pela loja ou no caixa e, às vezes, essas mercadorias demoram a retornar ao congelador, que é seu "habitat" ideal. Resultado, pode não fazer mal à saúde, mas, que perde sabor, ah, isso perde! Já no hambúrguer feito em casa, preparado e grelhado na hora, você tem um mundo de ingredientes que podem ser agregados para incrementar o sabor, a textura e a aparência.

Os *burgers* podem ser feitos com muitas carnes — sejam elas bovinas, suínas, ovinas, de vitelo, de aves (como frango, peru ou pato), de peixes crus e defumados — e até sem carne, como nos *veggies*. Pode ser uma refeição perfeita inclusive para quem come comida *kosher*, *halal* ou outros alimentos étnicos.

Quando os hambúrgueres foram criados, a idéia era fazer uma refeição simples e barata. Com os anos, o prato foi evoluindo e é hoje um dos mais versáteis que podem sair de uma cozinha contemporânea. Quase tudo que dá para moer e moldar pode virar um hambúrguer! É uma opção perfeita para uma refeição noturna, por exemplo.

Muitos consagrados *chefs* de cozinha têm reinventado o hambúrguer. Pode ser cordeiro moído dentro de um pão *pita* (sírio) com uma salada de pepino e iogurte, ou até um peito de pato defumado moído com sua gordura dentro de duas densas fatias de *pumpernickel*. Pode até ser um cogumelo *shiitake* inteiro, bem grande, dentro de um *bagel* tostadinho na grelha. O *burger* criado pelo *celebrity chef* Daniel Boulud em seu DB Bistrot Moderne não tem nada de "simplesinho". Trata-se de contrafilé moído misturado com costela bovina desossada e marinada em vinho tinto, braseada e misturada com *foie gras*. Tudo isso, com legumes grelhados e trufas negras, servido em um pão redondo coberto de gergelim e *grana padano* ralado grosso. Esse *burger* seria um desafio para o mais experimentado e confiante *chef* caseiro.

Talvez a forma menos intimidadora de fazer um hambúrguer recheado em casa seria marinar uma fraldinha e fritá-la até chegar ao ponto. Então, picar em pedacinhos e misturar com cenoura, cebola e salsão picados e grelhados. Agora é a hora de juntar tudo isso com alcatra moída, moldar e fritar.

Com a facilidade cada vez maior de encontrar ingredientes frescos, a aventura de cozinheiros de fim de semana torna-se menos perigosa e muito mais fácil. Eles estão percebendo o que os grandes *chefs* sabem há muito tempo: quanto melhores são os ingredientes, melhores serão os pratos. Com um pouco de criatividade, o mundo do hambúrguer pode ser uma vasta e gostosa aventura gastronômica.

COMO USAR ESTE LIVRO

Esta obra é dividida de acordo com o ingrediente principal. Sempre indicamos o pão mais apropriado, pois, como dissemos, ele pode até salvar um hambúrguer que não deu tão certo. Entretanto fique à vontade para inventar. Criar é o melhor que a gente pode fazer na vida, não somente na cozinha. Junte o que você acha que combina melhor, e aí vão duas dicas: os ingredientes frescos combinam muito bem e, se puder esquentar ou dar uma grelhada no pão, é sempre melhor. A maioria das receitas rende quatro *burgers*, a fim de facilitar seu trabalho e compreensão.

Acredito piamente que, para fazer ótimos *burgers*, não são necessários utensílios sofisticados nem grandes experiências anteriores. Criatividade é tudo, desde que você tenha alguns poucos princípios na cabeça (veja a seguir).

O que você precisa ter em casa é um moedor de carne ou um processador de alimentos. No caso de moedor, seria bom um disco com furos maiores (por volta de 6 mm) e outro com furos finos (3 a 4 mm). Cuidado com o processador, pois ele corta com muita velocidade! Assim, é sempre melhor ir batendo aos poucos. Dessa forma, você pode "brincar" com as texturas.

O ponto do hambúrguer depende dos ingredientes. Em cada receita são indicados os pontos que levam a um melhor resultado.

Princípios do hambúrguer

OS INGREDIENTES E O PREPARO

Qualquer um pode fazer um grande hambúrguer, mesmo aqueles que se vangloriam de não saber fazer um ovo cozido. Hambúrguer é basicamente carne moída moldada em um determinado formato e espessura. Quanto mais malpassado você quiser o hambúrguer, mais grosso ele deve ser moldado; quanto mais bem passado, mais fino. Neste livro, o tempo é estimado para hambúrgueres com aproximadamente 1,5 cm de espessura.

A carne

A carne pode (e deve) ter gordura, mas nunca nervos. A gordura derrete durante o preparo, e o nervo endurece. Há uma lenda de que é preciso misturar algo que "dê liga". Eu discordo frontalmente. O simples ato de moer a carne e misturá-la a outros ingredientes já é suficiente para dar a tal liga. A gordura, como disse, é fundamental. É sempre melhor que a gordura e a carne sejam do mesmo animal, pois, além de os sabores combinarem mais, a mistura fica mais homogênea. De um modo geral, a quantidade de gordura deve ser por volta de 15% do total. Isso quer dizer que, para 1 kg de hambúrguer, deve-se usar 150 g de gordura e 850 g de carne. Moa a gordura em disco com furo mais fino que a carne, se possível, e misture muito bem antes de moldar. Quando juntar os outros ingredientes e temperos não use sal. Em geral, fica melhor salgar o *burger* de ambos os lados, depois de moldado, bem na hora de fritar.

O pão

O pão é fundamental. Quanto mais fresco, melhor. Se o pão não estiver tão fresco, borrife-o com água e coloque-o em forno preaquecido a 180 ºC. Importante: isso só pode ser feito com qualquer pão inteiro (sem fatiar), uma única vez e bem na hora de usar. Pão recuperado dura muito menos que o pão fresco da padaria. Portanto, fique esperto: só reaqueça o pão na hora de usar.

O pão grelhado um pouco na frigideira ou em uma grelha fica melhor. Se passar manteiga antes disso, ainda melhor, pois o pão fica selado e o suco da carne demora mais para penetrar e amolecê-lo.

Uma das grandes vantagens de fazer hambúrguer em casa é, como já dissemos, poder moldá-lo ao formato do pão. Aqueles pães alemães tipo *pumpernickel* ou de sete cereais, bem densos, são ótimos! Para eles, é melhor que você molde o *burger* em formato quadrado.

O preparo

O hambúrguer deve ser frito na hora em que for moldado. Uma opção é congelá-lo, embalando um a um em filme de PVC. Não é aconselhável guardá-lo pronto na geladeira.

O hambúrguer deve ser sempre suculento. Se puser menos de 10% de gordura, ele fica seco e duro. Isso mesmo: até carne moída fica dura se usada de maneira inadequada. A gordura é fundamental. O excesso vai derreter. O que restar na carne é o necessário para o hambúrguer ficar suculento. Depois de tudo isso, chamá-lo de comida barata, ou *junk food*, seria, no mínimo, uma grande injustiça.

Fazer quatro ou oito hambúrgueres demora o mesmo tempo. O que influenciará no tempo de preparo é, principalmente, a espessura dos *burgers*.

Eles podem ser congelados sem prejuízo, mas alguns cuidados devem ser tomados. Ao prepará-los, embale-os individualmente, já moldados. Nunca congele a massa inteira. Na hora de fritá-los existem duas formas, com igual resultado. A primeira, é levar à frigideira direto do *freezer*. Se o hambúrguer estiver sem tempero, frite um pouco de ambos os lados, retire, tempere e volte à frigideira para terminar o preparo. Se for temperado, é só fritar. O *burger* descongela e chega ao ponto na seqüência. Para se ter uma idéia, um hambúrguer congelado com 1,5 cm de espessura demora no máximo 12 minutos para ficar pronto. A outra forma, se você quiser reduzir o tempo para a metade, é colocá-lo no microondas por 1 minuto, antes de levá-lo à frigideira, já aquecida.

Os molhos

Vários molhos enriquecem o *burger*, seja no pão ou no prato. Experimente os *chutney* (de manga, de tomate *etc.*), geléia de pimenta e de menta (esta última no caso de *burgers* de cordeiro), pimentões assados, *pesto* de manjericão e pasta de azeitona. Todos esses molhos acrescentam sabores aos *burgers* tradicionais. Não se amedronte... Ouse! Experimente combinações que você nunca fez. O pior que pode acontecer é criar uma boa novidade. Aventuras culinárias são seguras, legais, divertidas e, se feitas com moderação, não engordam. Não sou bom de matemática, mas, fazendo uma análise combinatória com os muitos tipos de *burger*, pães e molhos, dá para ter uma idéia das infinitas opções que podem ser obtidas com um pouco de técnica e muita criatividade.

O sal e o sal temperado

Eu prefiro salgar os dois lados do hambúrguer somente na hora de grelhar. Acrescentar sal à mistura resulta em excesso de manipulação dos ingredientes.

Devemos salgar de acordo com o teor de sal dos outros ingredientes. Assim, em alguns hambúrgueres deste livro, há ingredientes que já têm algum teor de sal, por exemplo, os chamados *blue cheeses* (como o *roquefort* e o gorgonzola). Mais uma razão para que a gente não salgue a mistura.

Muito boa idéia também é temperar o sal. Soa meio estranho, mas não é. O sal é fundamental, pois traz à tona todos os sabores dos ingredientes. E por que não melhorar ainda mais?

Coloque em um almofariz, ou um pilão, o sal grosso com alguns aditivos para turbinar seu sabor. A proporção em geral é de 10% de outro ingrediente para 90% de sal. Como exemplo, comecemos pelo mais simples: sal com pimenta-do-reino. Coloque, no pilão, o sal grosso com a pimenta-do-reino moída na hora. Amasse bem e coloque em um vidro com uma tampa bem vedada. Assim você poderá usá-lo por muito tempo. Pegue embalagens vazias de geléias ou maioneses com boa tampa e guarde. Etiquete, colocando o nome da mistura e a data. Assim, quando for usar, não terá dúvidas. Além da pimenta, você pode acrescentar ervas frescas: alecrim fresco para usar com cordeiro, manjericão para aves, tomilho para carnes de boi. Esses sais temperados não serão usados apenas com *burgers*. Naturalmente, você poderá usá-los em muitos outros pratos. O sal com pimenta pode ser guardado por bastante tempo, mas, no caso das ervas, convém misturar mais em cima da hora. Ok, pode ser de véspera! Mas o vidro deve ser bem vedado e mantido na geladeira. Assim, os aromas se conservarão por vários dias.

A pimenta

A pimenta-do-reino melhora todas as carnes grelhadas, sobretudo se moída na hora. Em vez de misturar pimenta à massa (o que só a deixará mais ardida), moa-a sobre o *burger* pronto. Assim, você aproveitará melhor o seu aroma e sabor, que infelizmente se volatiliza rapidamente.

REGRAS DE OURO DO HAMBÚRGUER

➤ Manuseie o hambúrguer o mínimo possível. Quanto menos contato com o calor das mãos, melhor. A carne moída é muito mais sensível que a carne em peças, lembre-se! Ao acrescentar outros ingredientes, faça-o com cuidado — assim que eles estiverem incorporados, pare de manusear.

➤ Como neste livro todas as receitas são para quatro porções, divida a massa em quatro, amasse, aperte e achate até ficar com 1,5 a 2 cm de espessura. Lembre-se: hambúrguer mais grosso para deixá-lo mais malpassado e mais fino para que fique bem passado.

➤ Não pressione os hambúrgueres enquanto estiverem fritando, assim você manterá o seu suco interno. Deixe os hambúrgueres fritar com calma. Quanto mais malpassado você preferir servir, mais alto deve ser o fogo; quanto mais bem passado, mais baixo. Comece sempre em fogo alto para selar rapidamente.

➤ Vire os hambúrgueres apenas uma vez. Isso também ajudará a manter a suculência. Como em todo bom *steak*, a suculência deve ser preservada.

➤ Limpe a grelha antes de fritar os hambúrgueres, senão o precioso prato que você preparou poderá grudar. Nunca use muito óleo, apenas unte a frigideira ou chapa.

➤ Ao preparar hambúrgueres mais magros numa grelha de churrasco, tais como de frango ou peixe, unte-a primeiramente com um papel-toalha embebido em bastante óleo vegetal.

▶ Organize-se. Na cozinha a organização é fundamental. Prepare os pratos e os pães em que você servirá os hambúrgueres antes de começar a grelhá-los. Fica uma delícia se você der uma torrada no pão. E, se passar manteiga antes, fica ainda melhor. Se usar grelha de churrasqueira, toste o pão nela, fica muito bom.

▶ Separe todos os condimentos que irá usar. Assim, você terá tudo à mão quando o hambúrguer estiver grelhado e poderá colocá-lo diretamente no pão, ainda quente e suculento.

Lembrete importante: o óleo vegetal em *spray*, seja de milho ou de semente de girassol, pode ser muito útil para fritar *burgers* mais delicados como os vegetarianos ou os de peixe. Como esses *burgers* "desmontam" facilmente ao virar, é bom untá-los antes de levar à frigideira. Se perceber que está grudado no fundo, não force. Desgrude-o com a espátula cuidadosamente e borrife um pouco de óleo por baixo antes de virá-lo.

UTENSÍLIOS E EQUIPAMENTOS

Você pode gastar uma fortuna com fogões. Muitos custam o preço de um automóvel, mas o mais importante custa bem pouco: uma boa espátula. O ideal é aquela de lâmina de aço, bem flexível, ou, se sua frigideira for antiaderente, uma com lâmina não-metálica. Em um bife, você consegue espetar um garfão para virar. No caso do hambúrguer, isso não é possível; por isso nunca se esqueça de ter a espátula à mão.

Fogão e churrasqueira

O fogão pode ser elétrico ou a gás. O importante é que seja forte, que tenha uma boa chama. Nos *burgers*, como nos bifes, selar rapidamente é da maior importância.

No caso de churrasqueira, que dá um ótimo resultado, lembre-se de acendê-la com bastante antecedência. O ciclo da gordura pingando, com a conseqüente geração de fumaça, agrega à carne um aroma inesquecível — sejam peças ou *burgers*. Não temos, aqui no Brasil, o hábito de servir hambúrguer nos churrascos, mas um *miniburger* de picanha como aperitivo é muito bom.

Frigideira e chapa

A frigideira tem que ser pesada, seja de alumínio ou de ferro fundido. Como muitas vezes levamos o *burger* congelado à frigideira, é fundamental que a carne não cozinhe, mas frite. E rápido!

Fritar hambúrgueres suja muito o fogão. Uma boa forma de reduzir a sujeira é ter à mão uma grande peneira metálica. Cubra a frigideira com a peneira. A peneira "breca" os respingos de gordura, mas deixa o vapor passar, evitando que a carne cozinhe. Nunca coloque na frigideira mais de dois hambúrgueres de uma vez, para que fritem do começo ao fim.

Você deve sempre fritar hambúrguer de ouvido, ou melhor, com o ouvido. Enquanto você ouvir o "shshshsh..." ou "xxxxxxxx..." está tudo em ordem. Quando não, é porque o *burger* está cozinhando, e daí: problemas à vista.

Existem à venda, nas lojas especializadas, chapas de ferro fundido para uma ou duas bocas de fogão que são igualmente boas. Podem ser ranhuradas ou lisas. As ranhuradas deixam os *burgers* um pouco menos gordurosos. É questão de gosto, e isso não se discute.

Panelas pesadas

Uma boa panela pesada também é uma opção, principalmente para reduzir a quantidade de gordura que espirra para o fogão. Ela nunca deve ser tampada, é claro, mas nunca é demais a gente lembrar. Se a panela for de aço, use com cuidado, pois pode ficar muito quente e queimar a carne.

Um pouco de história

Existem muitas histórias do hambúrguer. Esta é uma média aritmética de todas as que conheci.

Os húngaros e o hambúrguer

Não é que até na história do hambúrguer os húngaros meteram a colher? Pois é. Os textos do epicurista húngaro Louis Szathmáry revelam que, no final do século 16, embutidos de carne moída e carne bovina temperada eram conhecidos pelos britânicos como lingüiças hamburguesas. Em 1837, o cardápio do famoso restaurante Delmonico, fundado por Giovanni Del Monico e que se tornou um ícone de Nova York, já anunciava um tal *hamburger steak*.

Szathmáry era um homem grande, com um bigode típico dos húngaros da Transilvânia. Em todas as fotos que vi dele, ele aparece com um jaleco branco e um "toque" de *chef*. Nascido em Budapeste, Hungria, em 1919, ele recebeu o diploma de jornalista e o título de doutor em Psicologia. Em 1951, desembarcou do S.S. Hershey, no porto de Nova York, varado de fome.

    O irmão de Szathmáry, Géza, tinha chegado à América alguns anos antes. Ele o encontrou no porto e levou-o imediatamente para uma barraca de hambúrguer das redondezas. Foi então que ele provou um hambúrguer coberto com *ketchup*, mostarda, cebola picada, uma fatia de tomate, uma folha de alface, tudo enfiado num pão levemente adocicado — de textura mole, mas de crosta meio crocante —, e acompanhado de batatas fritas. Essa primeira mordida, Szathmáry jamais esqueceu. Não se sabe se suas saborosas lembranças foram do gosto do hambúrguer ou do gosto da liberdade, mas o fato é que tempos mais tarde ele declarou: "Aquele hambúrguer era puro paraíso; vou lembrar daquele sabor para sempre".

    A fim de garantir renda para comprar mais hambúrgueres no futuro, Szathmáry seguiu o caminho de muitos imigrantes: arrumou um emprego num restaurante. Naquela época, ele achava que seria um emprego temporário. Mas seu treinamento e sua disciplina dos tempos de guerra no exército húngaro provou ser uma habilidade mais rentável (na década de 1950) que a Psicologia. Durante quatro anos ele foi o *chef* executivo do Mutual Broadcasting System, a maior rede de rádio dos Estados Unidos. Nas décadas que se sucederam, ele trabalhou como consultor culinário, desenvolvendo diversos negócios no ramo alimentício. No início da década

de 1960, ele já dirigia seu próprio restaurante em Chicago, o The Bakery.

Quando Szathmáry não estava cozinhando, colecionava livros de culinária. Por suas mãos passaram uma lista de compras escrita manualmente por John Hancock, um cardápio do banquete da posse de Abraham Lincoln, em 1865, e muitas outras raridades. Szathmáry soube aproveitar cada um desses livros em suas pesquisas futuras. Ele fez muitas investigações, e conta-se até que tinha intenção de fazer um livro sobre hambúrguer. Szathmáry consultou mais de 3 mil receitas de carne bovina, em livros publicados nos primeiros noventa anos do século 20. Ele descobriu que, dos 1.108 livros de culinária da primeira década do século 20 pesquisados, o termo "hambúrguer" foi usado onze vezes em títulos de receita. E mais: ele percebeu que, já na década de 1930, os cozinheiros estavam tão familiarizados com o hambúrguer que adicionavam até pepinos em conserva, entre outros ingredientes, às suas misturas. Em outras palavras, a nova moda do hambúrguer não é tão nova assim.

"Quando os imigrantes vieram da Alemanha, da Escandinávia e de outras partes da Europa," escreveu Szathmáry, "o principal porto de embarque para o Novo Mundo era Hamburgo". Essa era a última cidade por onde o imigrante europeu passava, de onde quer que viesse. Ele poderia ser um tcheco, um bávaro de Munique, um prussiano de Berlim, um polonês de Varsóvia, o último pedaço de chão europeu que ele sentiria debaixo dos pés seria o solo de Hamburgo. Esse era o lugar de despedida do Velho Mundo, da família, da mãe, da irmã, da esposa, da filha, da namorada — em outras palavras, de toda e qualquer companhia familiar.

Gyula Décsy, outro estudioso húngaro, assume a mesma linha de pensamento em suas notas de abertura. Ele também acredita que o movimento de imigração é a chave. Décsy imagina os muitos grupos étnicos que reservaram passagem para a América pelo porto de Hamburgo. Ele lista os nomes que cada um dá a seu prato favorito de carne bovina: o *frikadelle* germânico, o *faschiert* austríaco, o *fasirka* eslovaco, o *farsz* polonês, o *fasirozott* húngaro. Nesse ponto, o *steak* feito à moda de Hamburgo já não tem nacionalidade, nem apropriação ou identidade como um produto original da cidade alemã. Ele faz parte de uma língua comum: a culinária internacional.

Se você pesquisar a história do hambúrguer no Google, logo lerá sobre o comandante Genghis Khan e sua cruel cavalaria. De acordo com a informação que predomina, o líder mongol fez mais do que conquistar vastas faixas do globo. É importante lembrar que foi Ogedei Khan, filho e sucessor de Gengis Khan, que conquistou a Hungria, entre 1241 e 1242. Será que a Hungria tem a ver com o início do hambúrguer? Não é bem isso, mas por pouco...

De fato, parece que o imperador dos imperadores foi quem inventou o hambúrguer. Segundo contam, os mongóis eram povos bárbaros que raramente desmontavam de seus cavalos. Como o exército precisava se alimentar durante a cavalgada, entre saques e pilhagens eles estocavam carne de carneiro crua entre o lombo do cavalo e a sela. Após uma manhã atravessando as estepes áridas, a carne ficava macia. Tudo o que um guerreiro faminto precisava fazer era arrancar um naco de carne de baixo da sela e mastigá-lo.

Voltando à Internet, em uma sondagem mais profunda, podemos ler sobre o neto de Genghis, Kublai Khan, que invadiu Moscou em 1279, trazendo consigo o gosto pela carne moída. Evidentemente, os russos também reconheceram a superioridade da técnica "gastronômica" mongol e logo a adaptaram para seus próprios interesses. Misturaram carne de carneiro crua picadinha na ponta da faca (e, mais tarde, carne bovina) com cebola e ovo, e batizaram o prato de *steak tartare* — sendo que "tártaros" ou "tátaros" eram na verdade os mongóis.

Em certa época, provavelmente no século 16, os navios de Hamburgo (que possuía o porto mais importante da Alemanha) passaram a atravessar o mar Báltico com regularidade, atracando nos portos russos, onde a carne moída era popular. Logo os marujos alemães voltaram para casa como apreciadores de carne moída crua, mas suas esposas recusavam-se a servir refeições tão bárbaras. Então elas passaram a fritar e ferver aqueles bolinhos.

É claro que alguns séculos se passaram até que o hambúrguer chegasse a ser o que é hoje, mas estes são os principais passos que fizeram da tradicional comida que alimentava a horda mongol o hambúrguer moderno.

Muitos dizem que essa é só uma lenda. É difícil explicar a história de pratos tão triviais como o hambúrguer por uma progressão linear de eventos históricos. Dizem até que os mongóis não inventaram a carne picada — tal prato já era popular no Império Romano. Descobriu-se que um livro romano do século 2 dedica um capítulo inteiro a pratos de carne picadinha. Do século 2 ao século 20, muita carne passou pelos moedores. Até que, na década de 1950, o automóvel virou objeto de desejo da classe média americana e o hambúrguer de 15 cents provou ser o alimento ideal para consumo dentro dos rabos-de-peixe. Talvez, a verdadeira história do hambúrguer seja mais prosaica. É claro que Hamburgo, na Alemanha, tem o seu papel. Mas a verdadeira ação se dá na América, onde bifes de Hamburgo tornaram-se bifes de hambúrguer, hambúrgueres e, finalmente — por efeitos cumulativos de cunhagem —, *burgers*.

Pulemos mais cinqüenta anos e, em junho de 2001, Daniel Boulud, um reconhecido *restaurateur* de origem francesa, acrescentou um hambúrguer de US$ 29 ao seu cardápio. Tratava-se de uma base de miolo de alcatra recheada com costelas assadas na própria gordura, trufas pretas, *foie gras* e vegetais.

Em julho, apenas um mês depois, os críticos já estavam todos nervosos. A maioria dos jornalistas acreditava que a criação de Boulud seria a soma do excesso americano com a glutonice dos franceses. Alguns "patriotas" culinários viram no uso do *foie gras* e das trufas um possível galicismo exacerbado. Psicólogos amadores disseram que isso foi uma punhalada na revitalização do hambúrguer e, por extensão, na psique americana. Seja como for, os hambúrgueres de luxo estavam a caminho. Seguindo a trilha de Boulud, a Old Homestead, tida como a mais antiga churrascaria de Manhattan, introduziu um *burger* de US$ 41. Ela apostou suas fichas em carne do gado Wagyu, o orgulho da agricultura japonesa. E não parou por aí. No verão de 2002, nosso Claude Troigros, no Blue Door, em Miami, moeu carne junto com lascas de *foie gras*, pincelou com *ketchup* caseiro e assentou em cima de um tradicional brioche.

Daniel Boulud não deixou por menos. Acrescentou trufas frescas ao seu hambúrguer, batizou o resultado de "burger royale" e elevou seu preço a US$ 59. E continuam se ajoelhando a seus pés.

Na primavera de 2004, Boulud marcou mais um gol. Ele fatiou mais trufas sobre o *burger royale* e subiu o preço: US$ 99. Com a tradicional generosidade gaulesa, esse preço incluía um suflê de batatas, servido em taça de prata, com uma colherada de molho *aïoli*, e uma taça de Madeira.

Mais ou menos na mesma época, o lendário *restaurateur* de Nova York, Danny Meyer, deu seu tiro de canhão na história do nosso herói, o hambúrguer. O seu novo restaurante, Shake Shack, chamado pelo guia

Zagat de "o rei do *fast-food*", localizado em um prédio *rétro* sem elevador, no Madison Square Park, absteve-se de qualquer acessório inútil e invocou a grandeza de hambúrgueres baseados em nada mais que alcatra e peito de boi.

Bom, é hora de recobrar nossa consciência, acordar para a realidade e, sem mais elucubrações, nos preparar para comer um bom hambúrguer. Agora, se der vontade de comer *foie gras*, faça-o como manda a alta gastronomia francesa: em espessos escalopes, ao ponto, servido com uma generosa taça do untuoso Sauternes.

Receitas

Cheeseburger de alcatra com cogumelo shiitake e queijo de cabra

Cogumelos de muitos tipos combinam perfeitamente com carnes, sobretudo as grelhadas. Melhoram o sabor de ambos.

Hambúrgueres

700 g de alcatra moída

100 g de gordura bovina moída

1 colher (sopa) de azeite de oliva

100 g de queijo de cabra divididos em 4 porções

pimenta-do-reino moída na hora

sal

Cogumelo *shiitake*

2 colheres (sopa) de azeite de oliva

2 cogumelos *shiitake* grandes cortados em fatias

2 colheres (sopa) de vinagre balsâmico

1 colher (sopa) de folhas frescas de tomilho

(ou 1 colher (chá) de tomilho desidratado)

pimenta-do-reino moída na hora

sal

4 pães de hambúrguer (ou 8 fatias de pão italiano) levemente tostados

Para preparar os cogumelos, coloque uma frigideira de tamanho médio em fogo brando. Adicione duas colheres (sopa) de azeite de oliva e espere esquentar. Acrescente os cogumelos e deixe refogar por cerca de 4 minutos, mexendo de vez em quando. Coloque o vinagre balsâmico e o tomilho, deixando cozinhar até que o vinagre evapore (mais ou menos 30 segundos). Tempere a gosto com sal e pimenta-do-reino. Tire do fogo e reserve. ▶ Para fazer os *burgers*, misture a carne e a gordura. Com essa mistura, molde quatro hambúrgueres. Salgue-os em ambos os lados. ▶ Leve uma frigideira, de preferência de ferro, ao fogo alto. Acrescente uma colher (sopa) de azeite de oliva e espere até que fique bem quente (cerca de 2 minutos). Coloque os hambúrgueres na frigideira, sem tampá-la, por 4 minutos. Vire-os e adicione uma porção de queijo de cabra por cima de cada um deles. Deixe em fogo médio por mais 4 minutos. ▶ Moa pimenta-do-reino sobre os *burgers* prontos e sirva-os cobertos com os cogumelos em pães de hambúrguer (ou entre duas fatias de pão italiano) levemente tostados.

Faz 4 hambúrgueres

Hambúrguer de alcatra com pimentão vermelho e guacamole

O guacamole vai muito bem com o hambúrguer, pois a gordura do abacate combina com o sabor da carne.

Hambúrgueres

700 g de alcatra moída
100 g de gordura bovina moída
1 colher (sopa) de óleo de girassol
sal

Guacamole

1 abacate
2 colheres (sopa) de cebola roxa picada
1 colher (sopa) de alho amassado
2 colheres (sopa) de salsinha fresca picada
2 colheres (sopa) de suco de limão espremido na hora
1 pitada de sal

Purê de pimentão

3 pimentões vermelhos
1 colher (sopa) de óleo de girassol
1 cebola roxa picada

3 colheres (chá) de alho amassado

4 cebolinhas verdes picadas

1 colher (chá) de sal

8 tiras de *bacon*

4 pães de hambúrguer tostados

Leve uma frigideira ao fogo médio, deixe esquentar e frite as tiras de *bacon* até que fiquem douradas (cerca de 3 minutos). Coloque o *bacon* em um prato forrado com papel-toalha, para absorver o excesso de gordura. Reserve. ▶ Para preparar o guacamole, corte o abacate no comprimento, remova o caroço e coloque a polpa em uma tigela. Acrescente a cebola, o alho, a salsinha, o suco de limão e o sal. Amasse tudo com um garfo ou passe pelo espremedor de batatas. Cubra e leve à geladeira até a hora de servir. ▶ Para o purê, mergulhe os pimentões em água fervente até que amoleçam (coloque um pires sobre eles para que afundem). Em seguida, tire as sementes e pique-os. Leve uma panela pequena ao fogo com uma colher (sopa) de óleo de girassol. Quando estiver quente, adicione os pimentões, a cebola, o alho e a cebolinha e refogue, mexendo sempre, até que a cebola fique macia. Acerte o sal. Bata no processador, adicionando um pouco de água, até adquirir consistência de purê. ▶ Com a carne e a gordura, molde quatro hambúrgueres e salgue-os dos dois lados. ▶ Leve uma frigideira, de preferência de ferro, ao fogo alto. Acrescente uma colher de óleo de girassol e espere até que fique bem quente (cerca de 2 minutos). Coloque os hambúrgueres na frigideira, sem tampá-la, por 4 minutos. Vire-os e deixe por mais 3 minutos. ▶ Coloque os hambúrgueres sobre metade do pão e cubra com guacamole, duas tiras de *bacon* e duas colheres (sopa) de purê de pimentão. Feche os hambúrgueres com a outra metade do pão e sirva.

Faz 4 hambúrgueres

Hambúrguer Califórnia grelhado com abacate e cebola caramelizada

Este *burger* entra também na categoria refeição. O ar "Costa Oeste" é por conta da combinação de cebola caramelizada com abacate e pasta de *blue cheese*.

Hambúrgueres

700 g de maminha moída

100 g de gordura bovina moída

1/4 de xícara de vinho branco seco

1/3 de xícara de cebola picada

3 colheres (sopa) de orégano, tomilho e manjericão misturados

1 colher (sopa) de tabasco

sal / óleo vegetal para untar

Cebola caramelizada

1 cebola grande cortada em fatias finas

1 colher (sopa) de tabasco

1 colher (sopa) de caldo de carne

1 colher (sopa) de vinagre balsâmico

1 colher (sopa) de azeite de oliva

1 colher (sopa) de alho picado

1 colher (sopa) de açúcar mascavo

Pasta de *blue cheese*

200 g de pasta de ricota com alho e ervas finas

120 g de *blue cheese* (gorgonzola)

Abacate

8 fatias de abacate

vinagre balsâmico

sal

4 pães roseta

4 folhas de alface romana

4 fatias de tomate

8 fatias de *bacon* frito

Para fazer a cebola caramelizada, coloque todos os ingredientes numa frigideira. Cozinhe por cerca de 15 minutos, mexendo de vez em quando, até que a maior parte do líquido evapore e a cebola esteja caramelizada. Reserve. ► Misture todos os ingredientes da pasta de *blue cheese* em uma tigela e reserve. ► Para fazer os hambúrgueres, junte a carne, a gordura, o vinho, a cebola, a mistura de orégano, tomilho e manjericão, o tabasco e o sal. Molde quatro hambúrgueres. ► Quando a frigideira estiver quente, unte-a com óleo vegetal. Grelhe os hambúrgueres por cerca de 5 minutos de cada lado. ► Nos últimos minutos, unte as fatias de abacate com o vinagre balsâmico e tempere com sal. Coloque as fatias de abacate sobre uma grelha para esquentar ligeiramente (de 1 a 2 minutos). ▶ Passe uma camada generosa de pasta de queijo sobre a metade da roseta, coloque uma folha de alface romana, uma fatia de tomate, o hambúrguer, cebolas caramelizadas, duas fatias de abacate e duas fatias de *bacon* frito. Cubra com a outra metade do pão.

Faz 4 hambúrgueres

Hambúrguer de alcatra à moda cubana

Mostarda e hambúrgueres sempre foram bons companheiros. Este molho com a mostarda picante, mais os picles, valoriza muito este prato.

Hambúrgueres

450 g de alcatra moída

60 g de gordura bovina moída

1 colher (chá) de alho picado

1 colher (chá) de tabasco

sal

pimenta-do-reino moída na hora

óleo vegetal para untar

Molho de mostarda com picles

1/4 de picles de pepino com *dill*

1/4 de xícara de mostarda amarela

1/4 de xícara de mostarda escura picante

4 fatias de presunto cozido

4 fatias de queijo *cheddar*

4 pães de hambúrguer com gergelim

Junte todos os ingredientes do molho de mostarda e reserve. ▶ Para preparar os hambúrgueres, misture todos os ingredientes (exceto o óleo) e molde quatro hambúrgueres. ▶ Aqueça uma frigideira e unte-a com óleo vegetal. Grelhe os hambúrgueres por cerca de 5 minutos de cada lado. ▶ Coloque uma fatia de presunto e uma de queijo sobre cada hambúrguer. Nos últimos minutos, coloque os pães sobre a chapa para tostar ligeiramente. Sirva os hambúrgueres no pão, cobertos com o molho de mostarda com picles.

Faz 4 hambúrgueres

Hambúrguer de maminha e blue cheese com cebola frita

Mesmo quem não liga para *blue cheese* acha essa combinação irresistível. As cebolas fritas dão um toque adocicado, o que complementa o sabor do queijo.

Hambúrgueres

700 g de maminha moída

100 g gordura bovina moída

100 g de *blue cheese* (gorgonzola) amassado com garfo

1 colher (sopa) de óleo de girassol

pimenta-do-reino moída na hora

sal

Cebolas fritas

2 colheres (sopa) de óleo de girassol

2 cebolas médias, cortadas em rodelas

pimenta-do-reino moída na hora

sal

4 pães de hambúrguer

Ketchup bem condimentado com tabasco

Para preparar as cebolas, coloque uma frigideira de tamanho médio em fogo brando. Adicione duas colheres (sopa) de óleo e espere esquentar. Acrescente as rodelas de cebola e deixe fritar por cerca de 10 minutos, mexendo sempre. Tempere a gosto com sal e pimenta-do-reino, tire do fogo e reserve. ► Para fazer os *burgers*, misture a carne a gordura e o queijo amassado. Com essa mistura, molde quatro hambúrgueres. Salgue-os em ambos os lados. ► Leve uma frigideira, de preferência de ferro, ao fogo alto, acrescente uma colher de óleo e espere até que fique bem quente (cerca de 2 minutos). Coloque os hambúrgueres na frigideira, sem tampá-la, por 4 minutos. Vire-os e deixe por mais 4 minutos. ► Moa pimenta-do-reino sobre os *burgers* prontos, de ambos os lados. Sirva-os em pão de hambúrguer, cobertos com as cebolas fritas e o *ketchup* condimentado.

Faz 4 hambúrgueres

Hambúrguer portenho com molho chimichurri

Nossa homenagem aos vizinhos carnívoros como nós. Eles não ficam sem o *chimichurri*, nem no café-da-manhã.

Hambúrgueres

700 g de maminha moída

100 g de gordura bovina moída

1/2 xícara (chá) de cebola picada

1/4 de xícara (café) de salsinha picada

1/4 de xícara de folha de hortelã picada

3 colheres (sopa) de alho espremido

1 colher (chá) de pimenta vermelha picadinha em pedaços

1 colher (chá) de *kümmel*

1 colher (café) de orégano desidratado

sal

1 colher (sopa) de óleo vegetal

Molho *chimichurri*

20 g de pimentão desidratado

20 g de salsinha desidratada

20 g de alho e cebola desidratados

10 g de pimenta calabresa desidratada e outras pimentas a gosto

600 ml de azeite de oliva

300 ml de vinagre de vinho branco

10 g de cebolinha desidratada

10 g de louro

10 g de orégano desidratado

4 pães sírios (pita) / fatias de cebola roxa

Em uma tigela, coloque todos os ingredientes do molho e misture. Cubra com filme plástico e leve à geladeira para descansar. O resultado será melhor após 3 dias de descanso. ▶ Para preparar os hambúrgueres, coloque a carne e a gordura numa tigela. Acrescente todos os ingredientes (exceto o sal e o óleo) e misture bem. Molde quatro hambúrgueres e salgue-os. ▶ Leve uma frigideira, de preferência de ferro, ao fogo alto. Acrescente o óleo e espere até que fique bem quente (cerca de 2 minutos). Coloque os hambúrgueres na frigideira, sem tampá-la, por 5 minutos. Vire-os e deixe por mais 4 minutos. ▶ Sirva em pães sírios com rodelas de cebola e o molho *chimichurri*.

Faz 4 hambúrgueres

✢ O *chimichurri* é um molho de origem argentina. A mistura pronta de temperos para o seu preparo pode ser encontrada em supermercados e casas especializadas. Esse molho combina muito bem com carnes vermelhas.

Hambúrguer de fraldinha com portobello, maionese de tomate seco e mistura picante

Este burger é um refeição completa. Tem proteína e carboidrato na medida certa. No pão, é um sanduíche ótimo e, no prato, um jantar delicioso.

Hambúrgueres

500 g de fraldinha moída

80 g de gordura bovina moída

3 colheres (sopa) de vinho branco seco

2 cebolinhas picadas / pimenta-do-reino moída na hora

sal / óleo vegetal para untar

Maionese de tomate seco

1/3 de xícara de maionese

1/4 de xícara de tomates secos picados

Mistura picante

2 colheres (sopa) de tomilho fresco picado

1 colher (sopa) de orégano fresco picado

sal

pimenta-do-reino moída na hora

Portobello grelhados

4 cogumelos *portobello* sem cabos

1/4 de xícara de vinho branco seco

2 colheres (sopa) de azeite de oliva

1 colher (chá) de suco de limão

4 pães de *focaccia* redondos (ou pães de cebola redondos ou pães sete cereais)

folhas de rúcula

Misture os ingredientes da maionese em um recipiente e refrigere até servir. ▶ Misture os ingredientes da mistura picante em uma tigela e reserve. ▶ Misture os ingredientes dos *portobello* grelhados em uma tigela e reserve. Para fazer os hambúrgueres, misture a carne, a gordura, o vinho, a cebolinha, a pimenta, o sal e a mistura picante. Molde quatro hambúrgueres. ▶ Drene os cogumelos e reserve a marinada. ▶ Coloque uma frigideira no fogo. Quando estiver quente, unte com óleo vegetal. Grelhe os hambúrgueres e os cogumelos por cerca de 5 minutos de cada lado. ▶ Nos últimos minutos, coloque os pães sobre a grelha para tostar ligeiramente. ▶ Unte cada pão com a maionese, cubra com folhas de rúcula, um hambúrguer e um cogumelo e, depois, a outra fatia de pão.

Faz 4 hambúrgueres

Hambúrguer de fraldinha com vinho branco e manjericão

Este *burger* é do tipo "gourmet", pois leva ingredientes delicados combinados com muito equilíbrio.

Hambúrgueres

600 g de fraldinha moída

100 g de gordura bovina moída

1/4 de xícara de vinho branco seco

1/4 de xícara de manjericão fresco picado

1/4 de cebola roxa picada

1/4 de xícara de farinha de rosca

4 tomates secos picados

sal

óleo vegetal para untar

Maionese ao *pesto*

2/3 de xícara de maionese

2 colheres (sopa) de *pesto* de manjericão (para o preparo do *pesto*, ver p. 90)

4 fatias de queijo *cheddar*

4 folhas de alface

4 fatias de tomate

4 fatias finas de cebola roxa

4 folhas de manjericão para decorar

4 minipães caseiros tipo italiano (do tamanho do pão de hambúrguer)

Misture os ingredientes da maionese de *pesto* e reserve. ► Para preparar o hambúrguer, misture a carne, a gordura, o vinho branco, o manjericão, a cebola, a farinha de rosca, os tomates secos e o sal e molde quatro hambúrgueres. ► Preaqueça uma grelha ou frigideira. Quando estiver quente, unte-a com óleo vegetal. Grelhe os hambúrgueres por cerca de 5 minutos de cada lado. ► Nos últimos minutos, coloque uma fatia de queijo sobre cada hambúrguer. Passe a maionese de *pesto* na parte inferior do pão. Coloque uma folha de alface, o hambúrguer, uma fatia de tomate e uma fatia de cebola. Decore com uma folha de manjericão e cubra com a metade superior do pão.

Faz 4 hambúrgueres

Burger negimaki

Baseei este hambúrguer no prato clássico japonês: fatias finas de carne, enroladas em cebolinha e guarnecidas com molho de gengibre.

Hambúrgueres

700 g de fraldinha moída

100 g de gordura bovina moída

1/2 xícara (chá) de cebolinha verde picada

3 colheres (sopa) de gengibre fresco picado

1 colher (sopa) de alho amassado

2 colheres (sopa) de molho *teriyaki*

1 colher (sopa) de azeite de oliva / sal

Molho de gengibre

1/4 de xícara de molho *teriyaki*

1/4 de xícara de caldo de galinha

3 colheres (sopa) de gengibre fresco picado

3 colheres (chá) de alho amassado

3 colheres (sopa) de suco de laranja espremido na hora

1 colher (sopa) de óleo de gergelim

1 colher (sopa) de *curry* em pó

4 pães de hambúrguer

Misture numa tigela todos os ingredientes do molho de gengibre e reserve.
➤ Para preparar os hambúrgueres, misture todos os ingredientes (exceto o sal e o azeite) até formar uma massa homogênea. Molde quatro hambúrgueres e salgue-os. ➤ Leve uma frigideira, de preferência de ferro, ao fogo alto. Acrescente o azeite e espere até que fique bem quente (cerca de 2 minutos). Coloque os hambúrgueres na frigideira, sem tampá-la, por 5 minutos. Vire-os e deixe por mais 4 minutos. ➤ Transfira os hambúrgueres para um prato. Retire toda a gordura da frigideira, limpando o fundo com um papel-toalha. Despeje nela o molho de gengibre. Mexendo sempre, cozinhe o molho até que reduza pela metade. ➤ Coloque os *burgers* sobre as metades de pão. Despeje molho sobre eles e cubra-os com as outras metades.

Faz 4 hambúrgueres

VALOR ECONÔMICO | 21 DE SETEMBRO DE 2000 | I. WESSEL

P. J. Clarke's, servindo bêbados charmosos desde 1887

A Semab (Secretaria Municipal de Abastecimento) nem pensaria duas vezes. Fecharia sumariamente. Como, porém, os americanos pouco ligam para higiene o P. J. Clarke's continua aberto. E muito bem aberto. Felizmente para os freqüentadores que o visitam com a assiduidade dos templos protestantes. Não é um templo da gastronomia e muito menos da economia, mas é um dos lugares mais charmosos de Manhattan, onde comer e beber fora fazem parte do cotidiano. A casa foi inaugurada em 1887, quando a cidade nem sonhava em ser a Big Apple de hoje. Assim, é preservada como patrimônio histórico mantendo um pouco do charme e da simplicidade do fim do século 19. Atualmente é cercada por arranha-céus de granito rosa e cristal, valorizando ainda mais seu ar de velho, mais até que de antigo. A Terceira Avenida, onde se localiza (na esquina da Rua 55), tem grande tráfego de carros e de pessoas. O movimento não é de turistas, mas dos escritórios, dos bancos e do correio que ali funcionam. As lojas da redondeza são para o dia-a-dia e, por isso mesmo, poucos turistas passam por lá.

    O P. J. Clarke's começou como uma cervejaria simples, e muitas das instalações ainda são originais. No primeiro ambiente, há um grande balcão de madeira para os que vão apenas tomar um chope e beliscar alguma coisa. À esquerda do balcão, na parede, uma curiosidade na qual vale reparar. Uma foto de três cavalheiros brindando, com suas canecas transbordando de chope, elegantemente trajados de terno e chapéu-coco. Na foto, ainda, um relógio de pêndulo na parede e, ao lado dos homens, uma mesa com toalha xadrez. Aí começa a graça. Essa foto foi feita no início do século 20 e, ao entrar hoje, você se depara com a mesma cena. O relógio está lá e a mesa com a toalha xadrez também. Convidar o leitor a ir ao mictório (perdão, toalete) nem seria educado, mas, desta vez, vamos fazer isso. É um monumento, do tempo em que os freqüentadores chegavam a cavalo ao "saloon" que deveria ser o Clarke's na época. Essa visita já ensejaria o fechamento da casa, se nossa Semab por lá desembarcasse: banheiro dando direto para o salão. E, quando dizemos direto, é direto mesmo. Ao lado do banheiro (e prometo não falar mais disso), à esquerda da porta, está um moderno jukebox, repleto de CDs de jazz e de musicais da Broadway. Depois do bar, tem mais dois salões: um pequeno para fumantes (charutos são bem-vindos) e outro, maior, com a cozinha dentro. Mais uma vez parece tudo errado. A cozinha é aberta para o salão recoberto de tijolos que ficaram negros com o tempo. Lá, se for na hora do almoço, você sempre encontrará um dos cozinheiros comendo, descaradamente... afinal, prova de qualidade melhor que essa não há!

Tudo no Clarke's é prático. O cardápio está na parede, é só escolher. Nas mesas, blocos amarelos, de comanda. Você anota o pedido e entrega ao garçom. O cardápio é enorme, mas o que se recomenda são os pratos mais simples, como um bom bife ou peixe grelhado com inesquecíveis batatas fritas ou salada. Para mim, o "must" é o hambúrguer, servido perfeitamente ao ponto. A carne é moída e preparada na hora, apenas com sal e pimenta. Acompanhada por uma boa cerveja, é a refeição rápida dos deuses (se é que os deuses freqüentavam fast-food). O hambúrguer (mesmo em forma de sanduíche) vem aberto e, sob a fatia de pão (de cima, claro), uma fina rodela de cebola crua. Essa lâmina de cebola é para *cobrir o hambúrguer, depois é só fechar com o pão quentinho. Não é nada barato: essa maravilha sai por US$ 7,50, mas vale a pena. Agora, se você quiser economizar (pois não é época de desperdício), passe por lá no fim da tarde e tome uma meia garrafa de Moët & Chandon (francesa): sai por apenas (mesmo) US$ 29. Por outro lado, se você teve um ótimo ano, investiu em petróleo e não está ligando pra dinheiro, peça uma porção de fritas para acompanhar o hambúrguer. Vais pagar US$ 3,70. Nada melhor para mostrar que você é uma pessoa bem-sucedida, não é?*

Hambúrguer de almôndegas com cogumelos glaceados

O melhor dos dois mundos: este hambúrguer tem gosto de almôndegas, mas é preparado como hambúrguer. Isso significa um tempo de preparo consideravelmente menor, mais o benefício do sabor de grelhado obtido pela frigideira ou grelha.

Hambúrgueres

1/4 de xícara de creme leite

1 fatia de pão branco ou integral sem casca, cortada em cubos

450 g de coxão mole moído

50 g de gordura bovina moída

1 cebola pequena picada

1/4 de xícara de queijo parmesão ralado

1/4 de xícara de salsinha fresca picada

1 ovo cru

2 colheres (sopa) de *ketchup*

1 colher (sopa) de folhas frescas de tomilho

(ou 1 colher (chá) de tomilho desidratado)

1 colher (sopa) de molho inglês

pimenta-do-reino moída na hora

sal

1 colher (sopa) de óleo de milho

Cogumelos glaceados

2 colheres (sopa) de óleo milho

1 cebola média cortada em fatias finas

350 g de cogumelos-de-paris (*champignon*) em fatias

2 colheres (chá) de alho amassado

1 colher (sopa) de manteiga

2 colheres (sopa) de vinho branco

2 colheres (sopa) de caldo de galinha

1 colher de (sopa) de molho inglês

pimenta-do-reino moída na hora

4 fatias de pão integral de sete cereais

Para preparar os cogumelos, leve uma panela de tamanho médio ao fogo brando, adicione o óleo. Espere esquentar e acrescente a cebola. Deixe-a dourar, mexendo sempre, até que fique macia (cerca de 4 minutos). Agregue os cogumelos e refogue por mais 4 minutos. Adicione o alho e frite por mais 1 minuto. Acrescente a manteiga e espere até que ela derreta. Adicione o vinho, o caldo de galinha, o molho inglês e a pimenta. Vá mexendo até que os cogumelos fiquem dourados. Remova do fogo e reserve. ▶ Para fazer os *burgers*, coloque o creme de leite numa tigela pequena. Acrescente os cubos de pão e espere até que fiquem embebidos. ▶ Coloque a carne e a gordura numa tigela média. Adicione os cubos de pão e os demais ingredientes, menos o óleo e o sal. Misture tudo até formar uma massa homogênea. Com a mistura, molde quatro hambúrgueres e salgue-os de ambos os lados. ► Leve uma frigideira, de preferência de ferro, ao fogo alto. Acrescente uma colher de óleo de milho e espere até que fique bem quente (cerca de 2 minutos). Coloque os hambúrgueres na frigideira, sem tampá-la, por 5 minutos. Vire os hambúrgueres e deixe por mais 4 minutos. ► Sirva os hambúrgueres no prato, cobertos com os cogumelos glaceados e acompanhados das fatias de pão.

Faz 4 hambúrgueres

Hambúrguer de steak tartare

Certo dia fui ao restaurante Eau do Hotel Hyatt, de São Paulo. O *chef* de cozinha era o Pascal Valero. Esta foi a única razão pela qual aceitei provar um prato cujo enunciado no cardápio mais me parecia uma piada: *steak tartare* grelhado. Ora se *steak tartar* é o nome de um prato cru, como poderia ser grelhado? O que o chef Pascal fez foi muito interessante. A carne era crua, fria como deve ser; porém, com os dois lados tostados, o que resultou em um sabor a mais. Um bom sabor a mais. Assim, faço uma homenagem ao *chef* com minha receita, preparada à moda dele.

600 g de fraldinha sem gordura picada em pedaços bem pequenos
4 colheres (sopa) de azeite de oliva
1 colher (sopa) de alcaparra picada
1 colher (sopa) de salsinha
4 colheres (sopa) de cebola picada em pedaços médios
2 colheres (sopa) de pepino azedo (em conserva) picado

2 colheres (chá) de mostarda de Dijon
1 colher (café) de molho inglês
sal / pimenta-do-reino moída na hora
azeite para untar

4 pães *pumpernickel*

Misture bem todos ingredientes, inclusive o sal e a pimenta. Molde quatro hambúrgueres de 2,5 cm de altura. ► Esquente muito bem uma frigideira de ferro, untada com azeite, e coloque no máximo duas unidades por vez. Toste rapidamente a carne de um lado e do outro. Pronto, você acabou de fazer um contra-senso: um *steak tartare* grelhado. ► Sirva com o interior ainda bem frio, no pão *pumpernickel*.

Faz 4 hambúrgueres

✢ Cuidado ao virar o *steak*, pois, como está cru no meio, é muito delicado. O segredo é deixar a carne com os lados quase queimados.

Bruschetta de hambúrguer toscano

Neste hambúrguer não vai gordura, pois o queijo gorgonzola já "lubrifica" a carne. Prepare-se para um *burger* bem diferente. Vale a pena experimentar.

Hambúrgueres

1 xícara de queijo gorgonzola amassado com garfo

1 colher (sopa) de salsinha picada

2 colheres (sopa) de cebola picada

700 g de coxão mole moído

pimenta-do-reino moída na hora

sal

óleo vegetal para untar

Cobertura de tomate

1 tomate picado

2 dentes de alho picados

2 colheres (sopa) de salsinha picada

3 colheres (sopa) de manjericão picado

3 colheres (sopa) de azeite de oliva

3 colheres (sopa) de queijo parmesão ralado

pimenta-do-reino moída na hora

sal

Bruschetta

8 fatias de pão italiano

azeite de oliva

Misture todos os ingredientes da cobertura de tomate numa tigela e reserve. ➤ Para fazer os hambúrgueres, coloque o gorgonzola, a salsinha e a cebola em uma tigela grande. Acrescente a carne e misture tudo, manuseando o mínimo possível. Divida em quatro porções iguais e modele no formato das fatias de pão. Acrescente o sal e a pimenta sobre os *burgers* já moldados. ➤ Quando a grelha estiver quente, unte-a com óleo vegetal. Coloque os hambúrgueres para grelhar por cerca de 4 minutos de cada lado. ➤ Enquanto os hambúrgueres grelham, faça a *bruschetta*. Unte as fatias de pão com azeite dos dois lados. Coloque-as sobre uma frigideira para tostar ligeiramente. ➤ Ponha um pouco da cobertura de tomate sobre cada fatia de pão, cubra com um hambúrguer, acrescente mais cobertura de tomate e, por fim, mais uma fatia de pão.

Faz 4 hambúrgueres

Hambúrguer de kafta

O Ferdinando Farah, meu velho amigo, fez uma criação que vale a pena. Faz, como todo bom libanês, uma respeitável *kafta*. E, competente cozinheiro, criou um hambúrguer com a massa da *kafta*. Acompanhado do indispensável molho de salsinha, ficou imbatível.

Hambúrgueres

1 kg de acém com gordura e sem nervos moído
(ou 850 g de fraldinha com 150 g de gordura bovina)
2 cebolas picadas
2 colheres (sopa) de salsinha picada
2 colheres (sopa) de cebolinha picada
1 pitada de pimenta síria (noz-moscada, canela e pimenta-do-reino)
5 colheres (sopa) de farinha de rosca / sal

Molho de salsinha

2 colheres (sopa) de salsinha picada
2 colheres (sopa) de cebolinha picada
1 pitada de sal
1 colher (chá) de azeite de oliva
1 colher (café) de suco de limão

4 pães sírios (pita)

Misture todos os ingredientes do molho de salsinha e reserve. ▶ Para os hambúrgueres, misture bem todos os ingredientes. Molde quatro hambúrgueres. O ideal é grelhar em churrasqueira ou em chapa com muito pouca gordura por aproximadamente 7 minutos de cada lado. Sirva entre "ao ponto" e bem passado. ▶ Coloque os *burgers* de *kafta* nos pães sírios (pita) e por cima uma generosa porção do molho de salsinha.

Faz 4 hambúrgueres

Hambúrguer siciliano com mozzarella de búfala e manteiga de tomate doce

A combinação da carne de vitelo com o frescor da *mozzarella* de búfala deixa este *burger* muito leve e gostoso.

Hambúrgueres

300 g de carne de vitelo moída

250 g de coxão mole bovino moído

100 g de gordura bovina moída

4 dentes de alho amassados

1/2 xícara de farinha de rosca

1/2 de xícara de pinoles

1 colher (café) de canela em pó

1 colher (chá) de alecrim

Pimenta-do-reino moída na hora

4 fatias de *mozzarella* de búfala grandes

óleo vegetal para untar

12 folhas de *radicchio* picadas

azeite drenado dos tomates secos

sal

Manteiga de tomate doce

100 g de manteiga

1/4 xícara de tomate seco

1 colheres (sopa) do azeite drenado dos tomates secos

1 colher (chá) de mel

1/4 xícara de uvas sem sementes

1 colheres (sopa) de alcaparras bem batidinhas

1 colher (sopa) de salsinha picada

pimenta-do-reino moída na hora / sal

6 fatias de pão italiano, cortadas no comprimento

Bata todos os ingredientes da manteiga de tomate no processador e reserve. ► Para fazer os hambúrgueres, misture as carnes, a gordura, o alho, a farinha de rosca, os pinoles, a canela, o alecrim e tempere com sal e pimenta. Divida a mistura em quatro partes iguais, manuseando-a o mínimo possível. Molde os hambúrgueres, embutindo uma fatia de *mozzarella* de búfala no centro de cada um deles. ► Quando a frigideira estiver quente, unte-a com óleo vegetal. Grelhe os hambúrgueres por 5 minutos de cada lado. Enquanto isso, unte as folhas de *radicchio* com o azeite dos tomates secos e coloque-os em outra frigideira, por cerca de 1 minuto. ► Quando os hambúrgueres estiverem quase prontos, leve os pães para tostar ligeiramente e depois unte-os com a manteiga de tomate doce. Faça um sanduíche com folhas de *radicchio*, hambúrguer e folhas de *radicchio* novamente.

Faz 4 hambúrgueres

Hambúrguer de vitelo com funghi porcini

Este é um hambúrguer muito delicado. O doce sabor do *funghi* confere aroma marcante.

Hambúrgueres

metade do *funghi porcini* refogado (ver a seguir)

450 g de carne de vitelo moída

50 g de gordura bovina moída

sal

1 colher (sopa) de azeite de oliva

***Funghi porcini* refogado**

40 g de *funghi porcini* desidratado

1 colher (sopa) de azeite de oliva

1 colher (sopa) de manteiga

2 colheres (sopa) de salsinha fresca picada

1/4 de xícara de cebolinha verde picada

1/4 de xícara de vinho branco

1/2 xícara de creme de leite

pimenta-do-reino moída na hora

sal

8 fatias grossas de pão italiano levemente torradas
cebolinha picada para decorar

Mergulhe os *funghi* em água morna por 1 hora. Drene-os, reservando a água. Seque-os delicadamente com papel-toalha. ▶ Leve uma panela ao fogo com uma colher (sopa) de azeite e a manteiga. Deixe esquentar e acrescente os *funghi*. Refogue até que fiquem levemente crocantes nas beiradas (cerca de 5 minutos). Tempere com pimenta-do-reino e sal. Reserve metade dos *funghi porcini*. ▶ Para fazer os hambúrgueres, pique a outra metade do *funghi* refogado e transfira para uma tigela. Acrescente a carne de vitelo e a gordura, salgue e misture até formar uma massa homogênea. Molde quatro hambúrgueres. ▶ Leve uma frigideira, de preferência de ferro, ao fogo alto. Acrescente o azeite e espere até que fique bem quente (cerca de 2 minutos). Coloque os hambúrgueres na frigideira, sem tampá-la, por 4 minutos. Vire os hambúrgueres e deixe por mais 3 minutos. ▶ Acrescente a salsinha e a cebolinha aos *funghi* reservados e leve-os ao fogo por aproximadamente 1 minuto, mexendo sempre. Adicione o vinho e mexa até que reduza à metade. Adicione o creme de leite, tempere com sal e pimenta e continue cozinhando até engrossar e reduzir. ▶ Sirva os hambúrgueres sobre as fatias de pão torrado, com o molho por cima, e decore com a cebolinha picada.

Faz 4 hambúrgueres

Hambúrguer de vitelo em focaccia

Esta é uma das receitas mais leves deste livro. A carne é de vitelo, que já é delicada, e a cobertura *caprese* dá um toque de frescor.

Hambúrgueres

1 colher (sopa) de azeite de oliva

1/2 cebola picada

1 1/2 dente de alho amassado

50 g de salame tipo italiano cortado em cubos

50 g de presunto cru fatiado

1/2 xícara de queijo parmesão ralado

450 g de vitelo moído

50 g de gordura bovina moída

2 colheres (sopa) de salsinha picada

1 ovo batido

2 colheres (sopa) de vinho branco seco

sal, se necessário / óleo de canola para untar

Cobertura *caprese*

8 fatias de tomate / 8 folhas de manjericão

4 fatias de *mozzarella* de búfala

4 colheres (sopa) de azeite de oliva

1 colher (sopa) de vinagre balsâmico

1 colher (sopa) rasa de mostarda de Dijon

1 1/2 colher (sopa) de ervas finas desidratadas

1 pitada de pimenta-do-reino moída na hora

4 pães de *focaccia* pequenos

2 colheres (sopa) de manteiga amolecida

Para fazer a cobertura *caprese*, junte os tomates, o manjericão e a *mozzarella* numa tigela. Em outra tigela, pequena, misture o azeite de oliva, o vinagre e a mostarda. Acrescente as ervas e a pimenta e mexa bem. Espalhe a mistura sobre os tomates e a *mozzarella* e deixe marinar. ► Para preparar os hambúrgueres, esquente o azeite numa frigideira. Acrescente a cebola e o alho e frite até que fiquem macios. Reserve. ► Bata o salame, o presunto e o parmesão no processador. Transfira para uma tigela e adicione a carne de vitelo, a gordura, a salsinha, a cebola, o alho, o ovo e o vinho. Molde quatro hambúrgueres. Prove e salgue se for necessário. ► Preaqueça uma grelha ou frigideira. Então, unte-a com o óleo de canola. Coloque os hambúrgueres para grelhar por cerca de 5 minutos de cada lado. ► Nos últimos minutos, unte as metades da *focaccia* com a manteiga e leve à grelha para tostar ligeiramente. ► Retire o tomate, a *mozzarella* e o manjericão da marinada. Coloque um hambúrguer sobre metade da *focaccia*, duas fatias de tomate, duas folhas de manjericão, uma fatia de *mozzarella* e cubra com a outra metade da focaccia.

Faz 4 hambúrgueres

Hambúrguer de maminha e cordeiro e molho aioli

Todos sabem que o cordeiro "gosta" muito de alho. A mistura das duas carnes, cordeiro e maminha, resulta em uma "terceira" deliciosa. Experimente!

Hambúrgueres

350 g de maminha moída

200 g de carne de cordeiro moída

100 g de gordura bovina moída (se conseguir de cordeiro melhor ainda)

1/4 de xícara de vinho branco seco

2 cebolinhas picadas / 2 colheres (sopa) de salsinha picada

1 colher (sopa) de folhas de hortelã picadas

1 colher (café) de *kümmel*

1 colher (chá) de gengibre picado

1/2 colher (chá) de páprica doce em pó

1 pitada de canela em pó

azeite de oliva para untar

sal grosso / pimenta-do-reino moída na hora

Molho *aioli*

1/3 de xícara de maionese

1/4 de xícara de pimentão vermelho assado picado

1 colher (chá) de alho amassado

1 colher (chá) de suco de limão espremido na hora

1 pitada de pimenta caiena

4 fatias de pão preto

4 rodelas de cebola

4 folhas de alface

Misture bem todos os ingredientes do molho *aioli* e leve-o à geladeira até servir. ▶ Para preparar os hambúrgueres, misture as carnes, a gordura, o vinho branco, a cebolinha, a salsinha, a hortelã, o *kümmel*, o gengibre, a páprica e a canela e molde quatro hambúrgueres. ▶ Preaqueça uma grelha ou frigideira. Então, unte-a com o azeite. Salgue os hambúrgueres e moa a pimenta sobre um dos lados. Coloque-os para grelhar por cerca de 4 minutos de cada lado. ▶ Nos últimos minutos, leve o pão à grelha para tostá-lo ligeiramente. ▶ Passe o molho *aioli* na metade inferior do pão, coloque uma folha de alface, uma rodela de cebola e o hambúrguer. Cubra com a outra metade do pão.

Faz 4 hambúrgueres

Hambúrguer de cordeiro com mostarda e berinjela grelhada

Berinjela e hambúrguer combinam que é uma beleza! Alho e cordeiro, nem se fale. Tudo isso com iogurte e manjericão faz deste *burger* algo excepcional.

Hambúrgueres

500 g de carne de cordeiro moída
80 g de gordura de cordeiro moída
1 xícara de cogumelos-de-paris (*champignon*) picados
1/4 de xícara de avelãs picadas
4 dentes de alho amassados
1 clara de ovo ligeiramente batida
sal
1/4 de colher (chá) de pimenta-do-reino moída na hora
mostarda de Dijon

Iogurte com manjericão

1/2 xícara de iogurte integral
2 colheres (sopa) de manjericão fresco picado
1/2 xícara de creme de leite azedo

Berinjela grelhada

1 berinjela pequena, sem a casca, cortada em rodelas de 1 cm de espessura

4 fatias de cebola

Azeite de oliva

Pimenta dedo-de-moça moída

sal

óleo vegetal

1 colher (sopa) de pimentão vermelho cortado em cubos

1/2 colher (sopa) de vinagre balsâmico

4 fatias de pão italiano

mostarda de Dijon

4 folhas de alface

Para preparar o iogurte com manjericão, bata o iogurte e o manjericão no processador. Transfira para um recipiente, acrescente o creme de leite azedo e refrigere. ▶ Para fazer a berinjela grelhada, unte cada rodela e as fatias de cebola com azeite. Em uma tigela à parte, misture a pimenta moída e o sal. Polvilhe essa mistura sobre a berinjela e a cebola. ▶ Preaqueça uma grelha ou frigideira. Então, unte-a com óleo vegetal. Coloque a berinjela e a cebola na grelha. Deixe a berinjela por cerca de 5 minutos de cada lado e grelhe a cebola até que fique com as faces meio queimadas. Transfira-as para um prato e corte tudo em cubos. Junte o pimentão e o vinagre. Reserve. ▶ Para preparar os hambúrgueres, junte todos os ingredientes (exceto a mostarda) e a berinjela grelhada. Molde quatro hambúrgueres. Unte-os com mostarda dos dois lados e coloque-os na grelha por cerca de 5 minutos de cada lado. ► Nos últimos minutos, leve as fatias de pão à grelha para tostar ligeiramente. ► Espalhe um pouco de mostarda na metade inferior do pão, coloque uma folha de alface, o hambúrguer, o molho de iogurte e sirva no prato, com pão somente por baixo.

Faz 4 hambúrgueres

Hambúrguer de cordeiro hot

O cordeiro está cada vez mais popular entre os brasileiros. Este, com tempero "hot", valoriza muito seu sabor, que já é bem marcante.

Hambúrgueres

600 g de carne de cordeiro moída

100 g de gordura de cordeiro moída

2 colheres (sopa) de uma mistura de pimentas moídas

1 dente de alho amassado

2 colheres (sopa) de óleo de gergelim

1/4 de xícara de vinho *merlot*

sal

azeite de oliva para untar

Geléia quente de tomate

4 xícaras de tomates Débora sem peles,

sem sementes e cortados em cubos

1/3 de xícara de açúcar

3 colheres (sopa) de gengibre fresco picado

2 colheres (sopa) de vinagre de arroz (ou de maçã)

1 colher (café) de molho de pimenta

sal

3 colheres (sopa) de manjericão fresco cortado em tirinhas

4 pães de hambúrguer
4 folhas de alface

Para fazer a geléia, coloque os tomates, o açúcar, o gengibre, o vinagre e meia colher (café) de molho de pimenta em uma panela e leve ao fogo. Deixe a mistura ferver, mexendo de vez em quando, até que reduza à metade (cerca de 30 minutos). Abaixe o fogo e deixe cozinhar por mais 15 minutos. Adicione o molho de pimenta restante e o manjericão. Continue cozinhando até que a mistura adquira consistência de geléia. Então, retire do fogo e deixe esfriar. ▶ Para preparar o hambúrguer, junte o cordeiro, a gordura, a mistura de pimentas, o alho, o óleo de gergelim e o *merlot* em uma tigela. Tempere com sal. Molde quatro hambúrgueres. ▶ Preaqueça uma grelha ou frigideira. Quando estiver quente, unte-a com azeite de oliva. Grelhe os hambúrgueres por cerca de 4 minutos de cada lado. ▶ Nos últimos minutos, coloque os pães na grelha para tostar ligeiramente. Passe a geléia quente de tomate na parte inferior do pão, coloque uma folha de alface, o hambúrguer e cubra com a metade superior do pão.

Faz 4 hambúrgueres

Nem fast, *nem* junk

Fast-food, junk-food, *sei-lá-o-que*-food *são descrições que podem servir para muita coisa, menos para hambúrguer...*

Mesmo os hambúrgueres das redes internacionais — que podem até ser fast *(rápido) — não fazem jus ao apelido de* junk *(lixo). O que vem junto com eles sim: a batata, o molho, o* milk-shake *cheios de gorduras e aditivos que não fazem nada bem para o nosso organismo. Já a matéria-prima do hambúrguer em si é apenas carne e gordura moídas. "Ah, mas é feito com isopor", dizem alguns. Ledo engano. O problema é que não leva tempero, e o que acaba dando o gosto é o tal do molho especial. Provando sem esse molho, é gosto de isopor na certa. "Mas é feito de minhoca!", afirmam outros. Errado. Não há minhoca no mundo para suprir toda a demanda e, se houvesse (e fosse usada), custaria mais que a carne bovina (haja vista o escargot, que é um caramujo, e custa bem caro!). Então, desista das minhocas e do isopor, é a boa e velha carne moída mesmo, que sempre funcionou. Em time que está ganhando, não se mexe!*

E o hambúrguer de verdade, aquele das hamburguerias? Este nem é fast, nem é junk! Eles têm às vezes mais de 200 g de carne, fazendo seu preparo tardar pelo menos doze minutos. Desde que os hambúrgueres ultrapassaram a categoria de "sanduíche", chegando à dos "grelhados", novos compromissos foram assumidos. Por exemplo: não venha argumentar que você sempre pediu ao garçom o hambúrguer no seu "ponto" preferido; não acredito. Até porque não era o garçom que o servia e sim o balconista. O hábito de pedir hambúrguer "ao ponto" é coisa do século 21!

Elevamos o burger (como é carinhosamente conhecido) à comida gourmet. Com sabor (e preços) condizente com seu novo status. Assim, não dá mais para servi-lo duro. Isso mesmo: duro! Não acredita? "Como é que uma carne moída pode ser dura?" Pois pode! É só fritá-lo demais, passando-o do ponto. Quando o hambúrguer fica tempo demais na chapa, ele perde cerca de metade do seu peso! Deixando-o "ao ponto", ele reduz só 20% a 30%. Outra maneira de deixar o hambúrguer duro é diminuir seu teor de gordura. Com menos de 14% de gordura, ele fica totalmente sem-graça. Boa parte dessa gordura vai derreter na chapa quente. Se não tiver gordura, o que vai embora é a água, e com ela a suculência. Portanto, vamos sempre servir o hambúrguer "ao ponto" e com aquela proporção de gordura ideal.

Hambúrguer de cordeiro e queijo feta, com espinafre e molho de iogurte com kümmel

Várias receitas mediterrâneas são feitas com cordeiro e feta. Sabe por quê? Porque ficam uma delícia.

Hambúrgueres

450 g de carne de cordeiro moída

100 g de queijo feta amassado

1/2 xícara de cebola picada

8 azeitonas pretas picadas

2 colheres (chá) de alho picado / 1 colher (café) de orégano

1 colher (sopa) de azeite de oliva / sal

Espinafre

2 colheres (sopa) de azeite de oliva

350 g de folhas de espinafre

1 colher (chá) de alho amassado

pimenta-do-reino moída na hora / sal

Molho de iogurte com *kümmel*

1 xícara de iogurte integral

1 colher (sopa) de suco de limão espremido na hora

1 colher (chá) de *kümmel*

1 colher (chá) de *curry* em pó

1 colher (chá) de gengibre / sal

4 pães sírios (pita)

Para preparar o espinafre, leve uma panela ao fogo com o azeite. Deixe aquecer e adicione o espinafre. Cozinhe por 1 minuto e então acrescente o alho, a pimenta-do-reino e o sal. Cozinhe por mais 1 a 2 minutos, mexendo sempre. Transfira para um prato e reserve. ► Em uma tigela, misture todos os ingredientes do molho de iogurte e leve-o à geladeira. ► Para os hambúrgueres, misture os ingredientes (exceto o azeite e o sal) até formar uma massa homogênea. Molde quatro hambúrgueres. Faça uma covinha no centro de cada um deles com a ponta dos dedos e salgue-os em ambos os lados. ► Leve uma frigideira, de preferência de ferro, ao fogo alto. Acrescente o azeite e espere até que fique bem quente (cerca de 2 minutos). Coloque os hambúrgueres na frigideira, sem tampá-la, por 5 minutos. Vire os hambúrgueres e frite-os por mais 4 minutos. ► Sirva no pão sírio, coberto com o espinafre e o molho de iogurte.

Faz 4 hambúrgueres

✛ Este hambúrguer também pode ser feito com carne bovina (coxão mole, patinho, maminha ou fraldinha).

Hambúrguer oriental de frango com shiitake grelhado

É quase um frango xadrez em forma de hambúrguer. Quem gosta de um adora o outro!

Hambúrgueres

2 colheres (sopa) de semente de gergelim

700 g de sobrecoxa de frango com pele moída

1/2 colher (sopa) de salsinha

1/2 colher (sopa) de cebolinha verde picada

1/2 colher (chá) de gengibre picado

1 colher (chá) de amido de milho (maisena)

1/4 de colher (chá) de alho em pó

1/4 de colher (chá) de óleo de gergelim

1/4 de colher (chá) de pimenta-do-reino moída na hora

sal / óleo vegetal para untar

Molho de mostarda

1/4 de xícara de vinho branco seco

2 colheres (sopa) de semente de mostarda moída

1 colher (chá) de raiz-forte ralada / 1 colher (chá) de cebola em pó

1/4 de colher (chá) de alho em pó

1/4 de pimenta caiena em pó / sal

Receitas

ISTVÁN WESSEL

Shiitake grelhados

4 cogumelos *shiitake* sem caule
1 colher (sopa) de óleo de gergelim

manteiga
4 pães de hambúrguer de cebola

Misture todos os ingredientes do molho de mostarda em uma tigela e reserve por 1 hora. ▶ Para preparar os hambúrgueres, torre as sementes de gergelim em uma panela. Deixe esfriar e misture com o frango, a salsinha, a cebolinha, o gengibre, a maisena, o alho em pó, o óleo de gergelim, a pimenta-do-reino e o sal. Molde quatro hambúrgueres. ▶ Preaqueça uma grelha ou frigideira. Então, unte-a com o óleo vegetal. Coloque os hambúrgueres e deixe-os grelhar, regando-os freqüentemente com o molho de mostarda, por cerca de 4 a 5 minutos de cada lado. Em outra frigideira, unte os cogumelos com o óleo de gergelim e ponha-os para grelhar, regando-os freqüentemente com um pouco de molho, até que fiquem tenros. Depois ponha os cogumelos sobre os hambúrgueres. ▶ Nos últimos minutos, passe manteiga nos pães e leve-os à grelha, para tostar ligeiramente. ▶ Coloque cada hambúrguer com cogumelo entre as metades do pão quente.

Faz 4 hambúrgueres

Hambúrguer Reggiano com pesto

Este é um *burger* de frango, turbinado por ingredientes potentes. O frango quase some, mas fica muito gostoso.

Hambúrgueres

700 g de coxas de frango sem pele e sem osso, cortadas em pedaços

100 g de presunto cru picado

100 g de queijo gorgonzola

1/4 de xícara de miolo de pão seco

1/4 de xícara de queijo parmesão ralado (Parmigiano-Reggiano, de preferência)

2 colheres (sopa) de manjericão fresco

1 colher (chá) de sal

2 colheres (sopa) de óleo vegetal

Pesto

1/4 de xícara de azeite de oliva extravirgem

3 xícaras de folhas de manjericão fresco

1/4 de xícara de queijo parmesão (Parmigiano-Reggiano, de preferência)

1 colher (sopa) de pinoles

4 pães de *focaccia* pequenos

Para preparar o pesto, bata o azeite e o manjericão no processador até formar um purê. Acrescente o queijo parmesão e os pinoles e bata até incorporar. Reserve. ▶ Antes do preparo dos hambúrgueres, gele *bem* a carne de frango. Quando ela estiver bem gelada, coloque todos os ingredientes no processador (exceto o óleo) e bata, deixando a mistura um pouco pedaçuda. A massa ficará meio mole. Molde quatro hambúrgueres. ▶ Leve uma frigideira, de preferência de ferro, ao fogo alto. Acrescente duas colheres de óleo e espere até que fique bem quente (cerca de 2 minutos). Coloque os hambúrgueres na frigideira, sem tampá-la, por 6 minutos. Vire os hambúrgueres e deixe por mais 5 ou 6 minutos, ou até que não estejam mais rosados no centro. ▶ Os hambúrgueres podem ser preparados também na grelha. Nesse caso, deixe-os na geladeira por pelo menos 1 hora e verifique se a grelha está bem limpa e untada. ▶ Sirva os *burgers* no pão de *focaccia*, com uma colher de *pesto*.

Faz 4 hambúrgueres

Mini-hambúrguer de pato com creme de shiitake e molho de mostarda apimentado doce

Prepare-se para algo bem diferente. A carne de pato é vermelha; portanto, excelente para *burgers*. A combinação com o *shiitake* e o molho de mostarda apimentado doce é perfeita.

Hambúrgueres

700 g de carne de pato moída com pele

2 cebolinhas verdes picadas (parte branca e um pouquinho da parte verde)

3/4 de colher (chá) de gengibre fresco picado

1 colher (sopa) de alho picado

pimenta-do-reino preta moída na hora

sal

óleo vegetal para untar

Marinada

2 cebolinhas verdes picadas (parte branca e um pouquinho da parte verde)

2 colheres (sopa) de salsinha picada

1 1/2 colher (sopa) de alho picado

2 colheres (sopa) de vinagre de vinho

2 colheres (sopa) de vinagre de maçã

1 1/2 colher (chá) de óleo de gergelim

1 colher (chá) de açúcar

1/2 colher (chá) de gengibre fresco picado

1/2 colher (café) de tabasco

pimenta-do-reino branca moída na hora / sal

Creme de cogumelo *shiitake*

3 colheres (sopa) de azeite de oliva

450 g de cogumelos *shiitake* sem caules, cortados em quatro

1 cebola bem picada

1/4 de xícara de vinagre balsâmico

1/4 de xícara de folhas de manjericão picadas

1 colher (chá) de mel

1/4 de colher (chá) de pimenta-do-reino preta moída na hora / sal

Molho de mostarda apimentado doce

1/2 xícara de açúcar

1/4 de xícara de mostarda em pó Colman's

2 gemas de ovo

1/2 xícara de vinagre de vinho tinto

3/4 de xícara de creme de leite

12 minipães franceses / manteiga amolecida

folhas de rúcula para decorar

Misture bem todos os ingredientes da marinada em uma tigela e refrigere. Para preparar os mini-hambúrgueres, misture todos os ingredientes (exceto o óleo vegetal) e duas colheres (sopa) da marinada. Cubra e leve à geladeira por 1 hora no mínimo. ▶ Para preparar o creme de cogumelo, aqueça o azeite em uma panela, em fogo médio. Acrescente os cogumelos e refogue até que fiquem tenros. Adicione a cebola e refogue até que fique translúcida. Junte 1/4 de xícara da marinada, o vinagre, o manjericão, o mel, o alho, o sal e a pimenta. Mexa de vez em quando. Deixe reduzir até que sobre líquido suficiente apenas para cobrir o cogumelo. Cubra e leve à geladeira até servir. ▶ Para fazer o molho de mostarda, misture o açúcar, a mostarda em pó, as gemas e o vinagre. Leve ao fogo, em banho-maria, mexendo sempre, até engrossar. Retire do fogo e deixe esfriar. Adicione o creme de leite e leve à geladeira até servir. ▶ Depois de 1 hora na geladeira, divida a mistura de carne moída em 12 partes iguais, formando mini-hambúrgueres com 1,5 cm de espessura, no formato dos minipães. ▶ Preaqueça uma grelha ou frigideira. Então, unte-a com o óleo vegetal. Coloque os *miniburgers* para grelhar, regando-os freqüentemente com a marinada, por cerca de 4 minutos de cada lado. ▶ Nos últimos minutos, coloque os minipães cortados ao meio na grelha para tostarem ligeiramente. ▶ Espalhe manteiga sobe os minipães, coloque o hambúrguer, o creme de *shiitake*, folhas de rúcula e molho de mostarda. Cubra com a outra metade dos pãezinhos.

Faz 12 mini-hambúrgueres

VALOR ECONÔMICO | 5 DE AGOSTO DE 2000 | I. WESSEL

Nesse museu, você pode comprar as obras

Metropolitan, MoMA e Guggenheim *são museus que todos os turistas esclarecidos visitam quando vão a Nova York. Lamentavelmente, neles não se pode tocar, muito menos comprar as obras de arte, só admirar. As razões são várias, mas certamente a principal é que as obras não estão à venda.*

Por outro lado, existem "museus" por lá onde você pode admirar, tocar e até comprar as obras de arte. Um deles fica justamente no coração do distrito das artes. Mais exatamente na Madison quase esquina da Rua 61. Endereço mais nobre, impossível. Pois é lá que se localiza a Sherry-Lehmann, desde 1934. O lugar já era de alto nível naquela época, em que seus clientes deviam ser os Vanderbilt e os Bloomingdale. Hoje, então, seria simplesmente impensável instalar lá, em um dos metros quadrados mais caros do mundo, uma loja de vinhos. Mas não se trata de uma loja qualquer, pois, além de dispor de milhares de títulos no acervo, a casa tem o mundo como clientes.

Só para ter uma idéia, eles anunciam quase diariamente no prestigioso New York Times. *Detalhe: página inteira. Além disso, editam trimestralmente maravilhosos catálogos que servem de referência para preços e variedades do infindável mundo dos vinhos e de outras bebidas especiais. Estes são abundantemente ilustrados por óleos de conhecidos impressionistas. O número atual retrata cenas de Paris na* belle époque, *por Wayne Ensrud, de modo a já ir criando o clima.*

Neste momento, você pode estar se perguntado: mas o que é que eu faço com todas essas informações? Resposta: compras. Se você é um ilustre habitante do maravilhoso mundo dos vinhos, passe uma hora por lá. Para começar, pense bem em quantos dias você passará na cidade e leve umas meias garrafas de champanhe. Coloque-as na geladeira do quarto do hotel e faça um brinde à noite antes de sair. Afinal, passear em Nova York já é motivo para comemorar... e sem gastar muito, pois uma meia está entre 15 e 17 dólares.

Outras compras que valem a pena são aquelas da categoria "vinho nosso de cada dia". Lá, como cá, a maioria dos bons restaurantes coloca um razoável "mark-up" no preço dos bons vinhos, o que cria um sério problema. Uma refeição extraordinária só se torna inesquecível se acompanhada por vinhos de, no mínimo, boa qualidade. O problema é que essas bebidas nos grandes restaurantes podem facilmente dobrar ou triplicar o gasto por pessoa, que nunca é pouco. Assim, você fica diante do seguinte dilema, não pedir vinho e ficar contrariado, ou tomar um bom vinho e na hora da conta querer cortar os pulsos. Solução: compre algumas boas garrafas no Sherry-Lehmann e na hora da reserva (você, viajante experiente, é claro, nem cogita ir a um bom restaurante em Nova York sem reservar) avisa que vai levar vinhos. Alguns restaurantes cobram "taxa de rolha", o que é mais que justo. Lembre-se de que esses restaurantes servem vinhos em taças Riedel que, não raro, podem custar 40 dólares e, lamentavelmente, às vezes quebram. Assim cobrar até uns 20% do valor do vinho a título de "rolha" é aceitável. Dependendo da recomendação ou do bom humor do gerente, ele pode nem cobrar a taxa. Nesse caso, capriche na gorjeta; não fique só nos 15%.

Finalmente, outra grande economia que você pode fazer na Sherry-Lehmann é na prateleira de "raridades". Para nossos padrões, tudo lá é muito bem comprado, pois os impostos são menores, desde o de importação até o de comercialização. Quem sabe essa é a razão do estado deplorável da sociedade americana? Talvez os administradores de lá poderiam tomar umas lições com os nossos. Mas, voltando ao que interessa... Entre as "raridades" estão as garrafas grandes, dificilmente compráveis por aqui. Grandes garrafas são as "magnum" (equivalentes a duas garrafas), as "duplo-magnum" (iguais a quatro garrafas), e assim por diante. A maior extravagância no tamanho "duplo-magnum" é o Petrus 1986, por "apenas" US$ 4.750. Digamos, é um bom presente (seja para quem for, principalmente, para si, é claro!). A questão é que esses vinhos estão se extinguindo mais rapidamente que o mico-leão-dourado, que bem ou mal ainda está em reprodução.

E assim vai, de economia em economia você faz seu pé-de-meia; afinal a vida é curta. E bela!

Hambúrguer de pernil de porco com gengibre, batata e cebola

Sem dúvida, a carne de porco tem um sabor especial. Acontece que os porcos andam tão magros que foi necessário acrescentar *bacon*. E ficou muito bom.

Hambúrgueres

450 g de pernil de porco moído

50 g de *bacon* moído

2 colheres (sopa) de gengibre bem picadinho

1/4 de xícara de vinho branco seco

1 colher (sopa) de *shoyu*

1/2 colher (chá) de pimenta-do-reino moída na hora / sal

óleo vegetal para untar

Batata e cebola

1 batata grande

1 cebola grande

2 colheres (sopa) de *shoyu*

2 colheres (chá) de *mirin* (vinho doce japonês de arroz, para cozinhar)

4 pães de hambúrguer

4 colheres (chá) de manteiga amolecida

Descasque a batata e a cebola e corte-as em fatias de 0,5 cm de espessura. Coloque-as em uma tigela com o *shoyu* e o *mirin*. Dê uma mexida para que todas as rodelas fiquem em contato com o molho. Reserve. ▶ Para fazer os hambúrgueres, misture todos os ingredientes (exceto o óleo vegetal) cuidadosamente e molde quatro porções iguais. ▶ Quando a frigideira estiver quente, unte-a com óleo vegetal. Coloque os hambúrgueres para grelhar por cerca de 5 minutos de cada lado. Frite também a batata e a cebola temperadas, dos dois lados, até ficarem douradas. ▶ Quando estiver quase pronto, corte os pães de hambúrguer e passe a manteiga. Disponha-os abertos sobre outra frigideira até dourar. Retire-os da frigideira e coloque uma rodela de batata e uma de cebola sobre ele e, em seguida, o hambúrguer. Sirva imediatamente.

Faz 4 hambúrgueres

Hambúrguer à la feijoada

Por incrível que pareça, este *burger* foi inventado pelos americanos, fazendo uma homenagem a um dos símbolos da gastronomia brasileira.

Hambúrgueres

600 g de pernil de porco moído

80 g de *bacon* moído

1/4 de xícara de farinha de rosca

metade da marinada

óleo vegetal para untar

sal

Marinada

1 colher (sopa) de alho amassado

1/2 xícara de vinagre de vinho tinto

1/4 de colher (chá) de pimenta vermelha picada

1 colher (chá) de orégano

sal grosso

Pasta de feijão-preto

200 g de feijão-preto cozido

1 colher (sopa) de azeite de oliva

1 colher (sopa) de salsinha picada

1 cebola picada
2 colheres (sopa) da marinada
1 pimentão vermelho, sem sementes, cortado em quadrados
4 pães tipo roseta

Misture todos os ingredientes da marinada em uma tigela. ▶ Para preparar os hambúrgueres, misture a pernil, o *bacon* moído e a farinha de rosca com a metade da marinada. Molde quatro hambúrgueres. ▶ Para fazer a pasta, junte em uma tigela o feijão, o azeite, a salsinha, a cebola e duas colheres (sopa) da marinada. Amasse bem com um garfo. Reserve. ▶ Preaqueça uma grelha ou frigideira. Então, unte-a com óleo vegetal. Salgue os hambúrgueres e coloque-os na grelha. Deixe por cerca de 5 minutos de cada lado. Ao mesmo tempo, coloque os pedaços de pimentão na grelha, virando-os de vez em quando, até que fiquem macios. ▶ Nos últimos minutos, leve os pães à grelha para tostar ligeiramente. ▶ Passe a pasta de feijão-preto na metade inferior do pão, coloque o hambúrguer, o pimentão e cubra com a outra metade do pão.

Faz 4 hambúrgueres

Hambúrguer de lombo e calabresa

O lombo de porco suaviza a calabresa. O *cream cheese* dá a "liga" perfeita aos sabores dos ingredientes.

Hambúrguer

300 g de lombo de porco moído

300 g de lingüiça calabresa apimentada

4 colheres (sopa) de chucrute

4 dentes de alho amassados

2 colheres (sopa) de cebolinha picada

1 colher (chá) de *kümmel* moído

1/2 colher (chá) de páprica picante em pó

sal, se necessário

azeite de oliva para untar

8 fatias de pão de centeio

azeite de oliva

cream cheese

Para preparar o hambúrguer, junte o lombo moído, a lingüiça, o chucrute, o alho, a cebolinha, o *kümmel* e a páprica. Cuidado com o sal, pois a lingüiça já é salgada. Prove a massa antes de moldar e, se precisar, salgue só mais um pouquinho. Molde quatro hambúrgueres. ► Preaqueça uma grelha ou frigideira. Então, unte-a com o azeite. Coloque os hambúrgueres para grelhar por cerca de 4 minutos de cada lado. ► Nos últimos minutos, unte as fatias de pão com azeite e leve-as à grelha para tostarem ligeiramente. ► Passe *cream cheese* nas duas fatias de pão. Coloque o hambúrguer sobre uma das fatias e cubra com a outra.

Faz 4 hambúrgueres

Breakfast burger – para quem gosta de hambúrgueres logo no café-da-manhã

Molde os hambúrgueres de véspera e leve-os à frigideira de manhã para um rápido e nutritivo café-da-manhã. Um jeito bem americano de começar o dia.

450 g de coxas de frango sem pele e sem osso, cortadas em pedaços
1/4 de xícara de *bacon* defumado cortado em cubos
1 maçã verde descascada e fatiada
1/4 de xícara de cebola picada
2 colheres (chá) de sálvia
1 colher (chá) de sal
1/2 colher (chá) de pimenta vermelha picada
1/2 colher (chá) de cravo moído
2 colheres de óleo vegetal
4 fatias de queijo prato

4 torradas de pão integral
4 ovos mexidos

Gele bem os pedaços de frango. Coloque-os no processador com o *bacon*, a cebola, a maçã, a sálvia, o sal, a pimenta e o cravo. Deixe bater até que fique um pouco pedaçudo. Molde quatro hambúrgueres. Coloque-os num prato, cubra com filme plástico e deixe na geladeira por 1 hora no mínimo. ▶ Leve uma frigideira, de preferência de ferro, ao fogo alto. Acrescente o óleo e espere até que fique bem quente (cerca de 2 minutos). Coloque os hambúrgueres na frigideira, sem tampá-la, por 6 minutos. Vire-os, coloque uma fatia de queijo sobre cada um e deixe por mais 6 minutos. ▶ Sirva os *burgers* em torradas de pão integral, cobertos com os ovos mexidos.

Faz 4 hambúrgueres

Hambúrguer de salmão com queijo caccio cavallo

Esta combinação é muito pouco comum, mas, pasme, fica muito boa.

450 g de filé de salmão sem pele e sem espinhas

1/2 xícara de farinha de rosca

3 colheres (sopa) de queijo *caccio cavallo* ralado grosso

1/4 de xícara de cebola picada

1 colher (chá) de mostarda

2 colheres (sopa) de maionese

2 colheres (chá) de *dill* picado

sal

pimenta-do-reino moída na hora

óleo vegetal em *spray*

4 fatias finas de *caccio cavallo*

8 fatias de pão *pumpernickel*

Corte o salmão em cubos bem pequenos. Em uma tigela, misture o salmão, a farinha de rosca, o queijo ralado, a cebola, a mostarda, a maionese e o *dill*. Tempere com sal e pimenta. ▶ Molde quatro hambúrgueres e unte-os com o óleo vegetal em *spray*. Leve-os à parte mais fria da geladeira por 1 hora. ▶ Aqueça bem a frigideira. Frite os hambúrgueres por aproximadamente 4 minutos de cada lado. Ainda com os hambúrgueres na frigideira, coloque uma fatia de queijo sobre cada um e cubra com uma tampa de panela por 1 minuto, até que o queijo derreta. ▶ Dê uma tostadinha no pão e coloque os *burgers* entre duas fatias de *pumpernickel*.

Faz 4 hambúrgueres

Hambúrguer asiático de salmão com molho de gengibre e limão acompanhado de salada de endívia

Salmão e gengibre combinam muito bem, sobretudo quando o salmão é picado.

Hambúrgueres

450 g de filé de salmão sem pele e sem espinhas

1 ovo

1 colher (sopa) de *shoyu*

1 colher (sopa) de gengibre fresco picado (ou 1/2 colher (sopa) de gengibre em pó)

1/2 xícara (chá) de farinha de rosca

1 colher (sopa) de cebolinha picada

2 colheres (sopa) de cebola roxa picada

1 colher (sopa) de suco de limão espremido na hora

sal

pimenta-do-reino moída na hora

óleo vegetal em *spray*

Molho de gengibre e limão

1/4 de xícara de cebola picada

1 dente de alho amassado

1 colher (sopa) de gengibre fresco picado (ou 1/2 colher (sopa) de gengibre em pó)

1 colher (sopa) de suco de limão espremido na hora

1/4 de xícara (chá) de *shoyu*

1/2 colher (chá) de açúcar

Salada de endívia

2 colheres (sopa) de azeite de oliva

2 colheres (sopa) de óleo de gergelim

2 colheres (sopa) de cebola picada não muito fina

4 endívias picadas em pedaços grandes

sal

pimenta-do-reino moída na hora

2 colheres (sopa) de gergelim torrado

4 pães pretos (ou integrais) de hambúrguer com gergelim

Bata todos os ingredientes do molho de gengibre e limão no liquidificador e reserve. ► Para preparar os hambúrgueres, corte o salmão em cubos bem pequenos. Em uma tigela, bata o ovo com o *shoyu* e o gengibre. Acrescente o salmão, a farinha de rosca, a cebolinha, a cebola, o suco de limão e tempere com sal e pimenta. Com uma colher de pau, misture bem os ingredientes. ► Molde quatro hambúrgueres e unte-os com o óleo vegetal em *spray*. Aqueça a chapa ou a grelha e frite ou asse cada um dos lados por aproximadamente 5 minutos. ► Enquanto os hambúrgueres ficam prontos, prepare a salada de endívia. Esquente o óleo de gergelim em uma panela grande. Adicione a cebola e frite-a até que fique levemente dourada. Acrescente as endívias e refogue, mexendo sempre, até que as folhas murchem. Abaixe o fogo, tempere com azeite, sal e pimenta, e espalhe as sementes de gergelim. ► Sirva em pão preto ou integral de hambúrguer com gergelim, cobertos com o molho de gengibre e limão e acompanhados da salada de endívia ainda quente.

Faz 4 hambúrgueres

Hambúrguer de salmão com molho apimentado de gengibre

Este poderá se tornar seu jeito favorito de preparar salmão. Você nunca mais terá de sofrer com um filé de salmão seco depois deste saboroso hambúrguer.

Hambúrgueres

700 g de filé de salmão sem pele, sem espinhas, cortado em cubos e reservado na geladeira

1/2 xícara de cebola picada

1/4 de xícara (café) de coentro picado / 3 cebolinhas picadas

2 colheres (sopa) de alho amassado

2 colheres (sopa) de gengibre picado

2 colheres (sopa) de óleo de gergelim

1 colher (sopa) de molho de soja

1 colher (sobremesa) de *curry* em pó

1 colher (café) de pimenta dedo-de-moça picada

2 colheres (sopa) de óleo vegetal

Molho apimentado de gengibre

1/4 de xícara de caldo de galinha

1/4 de xícara de molho chinês vermelho (agridoce)

2 colheres (sopa) de gengibre picado

2 colheres (sopa) de alho bem picado

1/2 colher (sopa) de amido de milho (maisena) dissolvido em 1 colher (sopa) de suco de laranja

1/2 colher (chá) de molho chili asiático (ou outra pimenta forte)

4 fatias de pão tipo *pumpernickel* (pão alemão)

Misture todos os ingredientes do molho e reserve. ▶ Antes de preparar os hambúrgueres, deixe o salmão gelar bem. Com ele bem gelado, coloque todos os ingredientes (exceto o óleo) no processador e bata um pouco. A mistura deve ficar meio pedaçuda. Molde quatro hambúrgueres. Coloque-os num prato, cubra com filme plástico e deixe na geladeira por 1 hora no mínimo. ▶ Então, leve uma frigideira, de preferência de ferro, ao fogo alto. Acrescente duas colheres (sopa) de óleo e espere até que fique bem quente (cerca de 2 minutos). Coloque os hambúrgueres na frigideira, sem tampá-la, por 5 minutos. Vire-os e deixe por mais 4 minutos. Se preferir mais rosado, reduza 1 minuto de cada lado. ▶ Enquanto os hambúrgueres estiverem fritando, leve outra frigideira ao fogo. Espere esquentar e coloque o molho para engrossar (cerca de 2 minutos). ▶ Sirva os hambúrgueres sobre os *pumpernickel* cobertos com o molho.

Faz 4 hambúrgueres

Hambúrguer de salmão fresco com maionese de salsinha e limão

O salmão fresco deve ser sempre servido "ao ponto". O sabor fica mais delicado, e a suculência, ideal. Se ficar rosado no meio, melhor ainda.

Hambúrgueres

700 g de filé de salmão sem pele e sem espinhas

1/3 de xícara de farinha de rosca

2 filés de anchova amassados em 2 colheres (sopa) de água

1 colher (sopa) de cebolinha picada

1 colher (sopa) de suco de limão espremido na hora

1 colher (sopa) de mostarda de Dijon

pimenta-do-reino moída na hora

óleo de girassol para untar

sal grosso moído

Maionese de salsinha e limão

1/3 de xícara de maionese

1 xícara de salsinha picada

1/2 colher (café) de alho amassado

2 colheres (sopa) de suco de limão espremido na hora

pimenta-do-reino moída na hora

Marinada de cebola

1 cebola roxa pequena, fatiada

1 1/2 colher (sopa) de vinagre de maçã

4 pães tipo *ciabatta*

8 folhas frescas de espinafre

Coloque todos os ingredientes da maionese numa tigela e misture bem. Cubra e leve à geladeira. ▶ Para preparar os hambúrgueres, com uma faca grande de *chef*, corte o salmão em cubos, depois pique-o até que fique na textura de carne moída. Transfira para uma tigela grande, acrescente a farinha de rosca, a anchova, a cebolinha, o suco de limão, a mostarda e a pimenta. Molde quatro hambúrgueres retangulares como o pão, cubra e leve à geladeira por cerca de 1 hora. ► Em uma tigela, marine a cebola no vinagre e reserve. ► Preaqueça uma grelha ou frigideira. Então, unte-a com o óleo de girassol. Salgue os hambúrgueres. Coloque-os para grelhar por cerca de 2 minutos de cada lado. ► Nos últimos minutos, coloque os pães cortados ao meio na grelha para tostarem ligeiramente. ► Passe a maionese no pão; em seguida, coloque duas folhas de espinafre, o hambúrguer e uma fatia da cebola marinada no vinagre. Cubra com a outra metade do pão.

Faz 4 hambúrgueres

Hambúrguer de atum fresco com purê de manga

Atum fresco dá um ótimo hambúrguer e com muito menos gordura. O purê de manga é uma opção maravilhosa como cobertura.

Hambúrgueres

450 g de atum cortado em cubos

1 cebola média picada

3 cebolinhas picadas

2 colheres (chá) de coentro picado

2 colheres (sopa) de alho amassado

2 colheres (sopa) de gengibre picado

1 colher (sopa) de mostarda de Dijon

1/2 xícara de farinha de trigo para empanar

2 colheres (sopa) de óleo vegetal

sal

Purê de manga

1 colher (sopa) de óleo vegetal

1 cebola pequena picada

3 cebolinhas picadas

2 colheres (sopa) de gengibre picado

1 manga descascada, cortada em cubos pequenos

2 colheres (chá) de coentro picado

1 colher (chá) de pimenta dedo-de-moça picada

2 colheres (sopa) de suco de limão espremido na hora / sal

4 pães de hambúrguer

Para preparar o purê de manga, leve uma panela média ao fogo e deixe esquentar. Espalhe o óleo e acrescente a cebola, a cebolinha e o gengibre. Refogue, mexendo sempre, até que a cebola fique transparente. Adicione a manga, o coentro e a pimenta dedo-de-moça. Cozinhe por mais 1 minuto. Despeje o suco de limão, acerte o sal e deixe esfriar. Bata no processador até formar um purê, adicionando água aos pouquinhos, até adquirir consistência cremosa. ► Para fazer os hambúrgueres, coloque todos os ingredientes no processador (exceto o óleo e a farinha de trigo), e bata um pouco. Molde quatro hambúrgueres. Coloque-os num prato, cubra com filme plástico e deixe na parte mais fria da geladeira por 1 hora no mínimo, até ficar bem firme. ► Então, coloque a farinha de trigo em um prato fundo. Passe os hambúrgueres sobre a farinha, dos dois lados, para empaná-los. ► Leve uma frigideira, de preferência de ferro, ao fogo alto. Acrescente o óleo e espere até que fique bem quente. Coloque os hambúrgueres na frigideira, sem tampá-la, por 2 minutos. Vire-os e deixe por mais 2 minutos. ► Sirva em pães de hambúrguer, com o purê de manga.

Faz 4 hambúrgueres

Hambúrguer de atum com mostarda de Dijon

O atum e a marcante mostarda de Dijon fazem uma bela combinação. Cada um preserva sua personalidade, numa combinação imbatível.

1 colher (sopa) de óleo vegetal

1/4 de xícara de cebola picada

1/4 de xícara de pimentão vermelho ou amarelo picado

450 g de filé de atum sem pele, cortado em cubos bem pequenos

1 ovo ligeiramente batido

2 colheres (sopa) de mostarda de Dijon

2 colheres (sopa) de salsinha picada

sal

pimenta-do-reino moída na hora

1/4 de xícara de azeite de oliva

8 fatias de pão preto

Esquente o óleo em uma frigideira quente. Frite a cebola e o pimentão até que estejam macios (cerca de 5 minutos). Transfira para uma tigela e reserve.
➤ Em uma tigela, junte o atum, o ovo, a mostarda e a salsinha. Tempere com sal e pimenta. Acrescente a cebola com o pimentão fritos. Misture tudo com uma colher de pau. Molde quatro hambúrgueres. Cubra-os com filme

plástico e leve à parte mais fria da geladeira por cerca de 1 hora. ▶ Esquente o azeite de oliva na mesma frigideira em que fritou a cebola e o pimentão e frite os hambúrgueres por aproximadamente 4 minutos de cada lado. ▶ Monte sobre pão preto levemente torrado.

Faz 4 hambúrgueres

Hambúrguer de trutas defumadas com maionese de raiz-forte

A truta defumada tem um sabor muito presente. O defumado acrescido do sabor da grelha torna este *burger* absolutamente único.

Hambúrgueres

2 xícaras de trutas defumadas amassadas com garfo

1 colher (sopa) de cebolinha picada

1 colher (sopa) de salsinha picada

1 ovo levemente batido

2 colheres (sopa) de leite

1/2 xícara de farinha de rosca

4 colheres (sopa) de manteiga sem sal

sal (pouco, pois a truta defumada é salgada)

pimenta-do-reino moída na hora

Maionese de raiz-forte

3 colheres (sopa) de maionese

1 colher (sopa) de mostarda de Dijon

1 colher (sopa) de raiz-forte em conserva ou fresca, ralada

pão de hambúrguer integral com sementes de papoula

Misture todos os ingredientes da maionese de raiz-forte e mantenha-a refrigerada até servir. ► Para preparar os hambúrgueres, coloque a truta, a cebolinha e a salsinha numa tigela. Acrescente o ovo, o leite e 2 colheres (sopa) de farinha de rosca. Misture tudo com um garfo. Molde quatro hambúrgueres. Sobre eles coloque o sal e a pimenta. Depois, empane-os com a farinha de rosca restante. ► Aqueça a manteiga em uma frigideira e frite os hambúrgueres, até ficarem dourados, por cerca de 4 minutos de cada lado. ► Sirva em pão de hambúrguer integral com sementes de papoula e com a maionese de raiz-forte.

Faz 4 hambúrgueres

Hambúrguer de berinjela com mozzarella defumada e tapenade

É um *burger* vegetariano diferente, muito gostoso, e tem uma textura única.

Hambúrgueres

4 colheres (sopa) de azeite de oliva

4 fatias grossas de cebola

4 fatias grossas de berinjela sem casca

4 cogumelos *shiitake*

4 fatias de *caccio cavallo* defumado fatiado (*mozzarella* defumada)

4 fatias de tomate

Tapenade

1/2 xícara de azeitonas pretas

2 filés de anchovas

1 colher (chá) de mostarda de Dijon

4 fatias de pão italiano

Bata todos os ingredientes da tapenade no processador (ou liquidificador) e reserve. ▶ Para fazer os hambúrgueres, leve uma frigideira, de preferência de ferro, ao fogo alto. Acrescente duas colheres de azeite e espere até que fique bem quente. Coloque as fatias de cebola e frite por 4 minutos, até que fiquem douradas de um lado. Vire-as cuidadosamente e doure-as do outro lado. Transfira as cebolas para um prato e cubra-as com uma folha de papel-toalha. ► Unte a frigideira com mais uma colher de azeite. Espere esquentar, adicione as fatias de berinjela e frite-as por cerca de 4 minutos de cada lado. Transfira as berinjelas para o prato das cebolas, sobre o papel-toalha. ► Unte a frigideira com mais uma colher de azeite. Espere esquentar e adicione os cogumelos. Frite-os de um lado, por cerca de 4 minutos. Vire-os e cubra com a *mozzarella*. Cozinhe até o queijo começar a derreter, e então transfira cada cogumelo para uma fatia de pão italiano, com o lado do queijo virado para cima. ► Leve as fatias de tomate à frigideira bem quente por 30 segundos. Vire-as e deixe cozinhar por mais 15 segundos. ► Termine a montagem dos *burguers*, colocando uma fatia de berinjela sobre o cogumelo com o queijo derretido, uma fatia de cebola, uma de tomate e a *tapenade*. Sirva no prato, para comer com garfo e faca.

Faz 4 hambúrgueres

✛ A *tapenade* pode ser mantida na geladeira por até 2 dias.

Hambúrguer vegetal de três grãos

Que ninguém nos ouça, mas este *burger veggie* é ótimo.

1/2 xícara de cuscuz marroquino cozido

1/4 de xícara de grão-de-bico cozido

1/4 de xícara de arroz integral cozido

2 colheres (sopa) de azeite de oliva

1 dente de alho amassado

1 colher (sopa) de cebolinha picada

2 colheres (sopa) de cogumelos fatiados

1 colher (sopa) de vinagre balsâmico

1/4 de xícara de cebola picada

1/4 de xícara de cenoura picada

1 1/2 colher (sopa) de ervas finas

1 clara de ovo

1/2 xícara de farinha de rosca

sal

pimenta-do-reino moída na hora

óleo vegetal em *spray*

4 fatias de pão sete cereais

Junte o cuscuz, o grão-de-bico e o arroz integral cozidos numa tigela e reserve. ▶ Em uma frigideira antiaderente, aqueça uma colher (sopa) de azeite e frite o alho e a cebolinha até que dourem. Acrescente o cogumelo e frite por mais 5 minutos. Adicione o vinagre e cozinhe por mais 1 minuto. Bata no processador até obter um purê e reserve. ▶ Na mesma frigideira, acrescente o restante do azeite e frite a cebola e a cenoura até que fiquem macias. ▶ Misture a cebola e a cenoura fritas e o purê com o cuscuz, o grão-de-bico e o arroz integral, na tigela. Acrescente as ervas finas, a clara de ovo e a farinha de rosca. Mexa bem com uma colher de pau e tempere com sal e pimenta. Molde quatro hambúrgueres, cubra com um filme plástico e leve à geladeira por no mínimo 1 hora. ▶ Unte uma frigideira antiaderente com óleo vegetal em *spray* e leve ao fogo. Quando estiver bem quente, frite os hambúrgueres, até que fiquem dourados, por cerca de 4 minutos de cada lado. ▶ Monte sobre apenas uma fatia de pão sete cereais.

Faz 4 hambúrgueres

Hambúrguer de cogumelo shiitake

Este *burger* é *veggie*, claro, mas é incrível como a textura do *shiitake* lembra a da carne. Um prato vegetariano com sabor de uma boa carne.

1/2 xícara de azeite de oliva
2 dentes de alho amassados
1 colher (sopa) de cebola roxa picada
1 colher (sopa) de manjericão fresco picado / sal
pimenta-do-reino moída na hora
4 cogumelos *shiitake* bem grandes

4 pães de hambúrguer

Aqueça o azeite em uma frigideira média. Acrescente o alho e a cebola e frite até que fiquem macios. Espalhe o manjericão sobre o alho e a cebola. Tempere com sal e pimenta. Retire tudo da frigideira e reserve. ▶ Na mesma frigideira, coloque os cogumelos e grelhe-os por cerca de 2 minutos de cada lado. Depois, despeje a mistura sobre eles. ▶ Aqueça os pães de hambúrguer divididos em metades. Sobre cada parte de baixo coloque um *shiitake* com os temperos e cubra-os com a outra metade do pão. Usando somente a base do pão e servindo no prato, fica ainda melhor.

Faz 4 hambúrgueres

Este livro foi produzido, em 2008, pela Companhia Editora Nacional.
As tipologias empregadas foram Humnst, Swift e Rage
e o papel utilizado, couché fosco 120 g. Impresso em São Paulo pela IBEP Gráfica.